쉽게 배우고
생활에 바로 쓰는

SEASON 4
능력
향상

컴퓨터 기초

KB173802

㈜시아이에뉴테크 서

iCox
Education by Sympathy

쉽게 배우고 생활에 바로 쓰는

컴퓨터 기초

초판 1쇄 발행	2022년 5월 10일
초판 2쇄 발행	2023년 3월 23일

지은이	㈜지아이에듀테크
펴낸이	한준희
펴낸곳	㈜아이콕스

기획/편집	아이콕스 기획팀
디자인	김보라, 이지선
영업	김남권, 조용훈, 문성빈
영업지원	김효선, 이정민

Education by Sympathy

주소	경기도 부천시 조마루로385번길 122 삼보테크노타워 2002호
홈페이지	www.icoxpublish.com
쇼핑몰	www.baek2.kr (백두도서쇼핑몰)
이메일	icoxpub@naver.com
전화	032-674-5685
팩스	032-676-5685
등록	2015년 7월 9일 제 386-251002015000034호
ISBN	979-11-6426-210-6 (13000)

30년째 컴퓨터를 교육면서도 늘 고민합니다. "더 간단하고 쉽게 교육할 수는 없을까? 더 빠르게 마음대로 사용하게 할 수는 없을까?" 스마트폰에 대한 지식이 없는 4살 먹은 어린아이가 스마트폰을 가지고 놀면서 스스로 사용법을 익히는 것을 보고 어른들은 감탄합니다.

그렇습니다. 컴퓨터는 학문적으로 접근하면 배우기 힘들기 때문에 아이들처럼 직접 사용해 보면서 경험적으로 습득하는 것이 가장 빠른 배움의 방식입니다. 본 도서는 저의 다년간 현장 교육의 경험을 살려 책만 보고 무작정 따라하다 발생할 수 있는 실수와 오류를 바로잡았습니다. 컴퓨터를 활용하는 데 꼭필요한 핵심 내용을 중심으로 집필했기 때문에 예제를 반복해서 학습하다 보면 어느새 원리를 이해하고, 활용할 수 있는 단계에 오르게 될 것입니다.

쉽게 배우고 생활에 바로 쓸 수 있게 집필된 본 도서로 여러분들의 능력이 향상되기를 바랍니다. 물론 본 도서는 여러분의 컴퓨터 능력을 향상시킬 수 있는 수많은 방법 중 한 가지라는 말씀도 드리고 싶습니다.

교육 현장에서 늘 하는 말이 있습니다.
"컴퓨터는 종이다. 종이는 기록하기 위함이다."
"단순하게, 무식하게, 지겹도록, 단.무.지.반! 하십시오."
처음부터 완벽하지는 않겠지만 차근차근 익히다 보면 어느새 만족할 만한 수준의 사용자로 우뚝 서게 될 것입니다.

끝으로 이 책이 나올 수 있도록 도움을 주신 지아이에듀테크, ㈜아이콕스의 임직원 여러분들께 감사의 마음을 전합니다.

㈜지아이에듀테크

★ 각 CHAPTER 마다 동영상으로 더 쉽게 학습할 수 있도록 QR 코드를 담았습니다.
QR 코드로 학습 동영상을 시청하는 방법은 다음과 같습니다.

01 Play스토어에서 네이버 앱을 ❶설치한 후 ❷열기를 누릅니다.

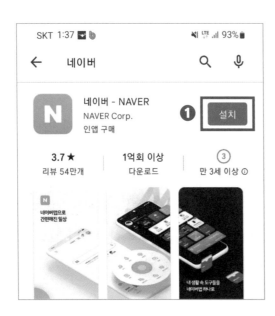 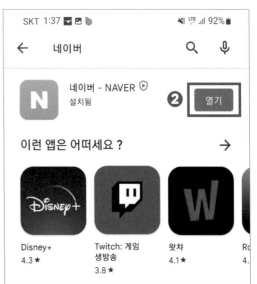

02 네이버 앱이 실행되면 하단의 ❸동그라미 버튼을 누른 후 ❹렌즈 메뉴를 선택합니다.

03 본 도서에서는 Chapter별로 상단 제목 오른쪽에 ❺QR 코드가 있습니다. 스마트폰의 화면에 QR 코드를 사각형 영역에 맞춰 보이도록 하면 QR 코드가 인식되고, 상단에 동영상 강의 링크 주소가 나타납니다. ❻동영상 강의 링크 주소를 눌러 스마트폰으로 학습할 수 있습니다.

유튜브에서 동영상 강의 찾기

유튜브(www.youtube.com)에 접속하거나, 유튜브 앱을 사용하고 있다면 **지아이에듀테크**를 검색하여 동영상 강의를 들을 수 있습니다. **재생목록** 탭을 누르면 과목별로 강의를 찾아볼 수 있습니다.

목 차

목 차

01 내 PC 알아보기

01-1 ··· 내 PC 구성

■ 본체

컴퓨터를 구성하는 여러 기기 중에 가장 중요한 것은 본체인데, 이 본체를 컴퓨터라고 하고, 수많은 부품장치들로 구성되어 있으며 컴퓨터의 중심 기능을 하기 때문에 본체라고 부릅니다.

■ 모니터

컴퓨터 본체의 CPU(중앙처리장치)와 RAM(주 메모리)에서 저장되고 처리된 결과를 보여주기 위한 장치로 Inch 단위로 크기를 부릅니다.

■ 키보드

컴퓨터에 연결되어 글자를 입력하며 문서를 작성하거나 명령을 내리는 역할을 합니다.

■ 마우스

모니터 화면에 화살표 모양을 이용하여 선택하거나 그리기를 할 수 있는 입력 장치로 무선과 유선 마우스가 있습니다.

■ 스피커 및 헤드셋

컴퓨터에서 소리를 들을 수 있는 장치이며 블루투스로 무선 연결합니다.

■ 프린터

문서 파일 또는 사진을 인쇄하는 장치이며, 실생활에 사용할 수 있는 3D 프린터도 있습니다.

■ 화상카메라

웹캠이라고도 불리는 장치로 카메라를 통해서 화상 회의나 채팅 등을 할 수 있는 장치입니다.

■ 스캐너

사진이나 문서를 스캔하여 컴퓨터에 저장하기 위한 장치로 프린터와 함께 복합기로 판매되기도 합니다.

■ 컴퓨터 켜기

O1 순서는 관계없으나 가급적 모니터 전원을 누른 후, 본체의 전원을 누릅니다. 전원 버튼을 자세히 보면 아래와 같은 모양입니다.

■ 컴퓨터 끄기

마우스 왼쪽 버튼으로 바탕화면의 왼쪽 하단에 있는 ❶시작 버튼을 클릭한 후 ❷전원을 클릭한 후 ❸시스템 종료를 선택합니다.

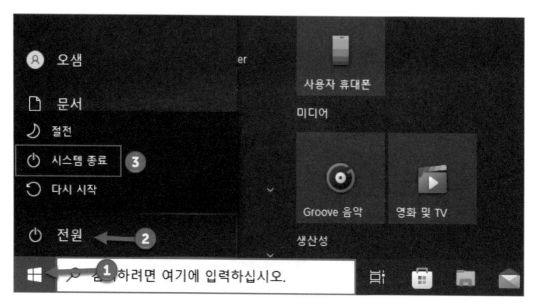

01-3 ··· 마우스 다루기

■ 마우스 살펴보기

모니터 화면에 커서를 움직이고 명령을 실행할 때 사용하는 마우스는 왼쪽과 오른쪽 버튼이 있으며 두 버튼 사이에 휠(wheel)이 있습니다.

❶ **왼쪽 버튼** : 집게손가락을 이용하여 한 번 누르거나 두 번 연속해서 눌러 사용하기도 하고 집게손가락으로 버튼을 누른 상태로 끌기를 하기도 합니다.

❷ **오른쪽 버튼** : 가운데 손가락을 이용하여 오른쪽 버튼을 한 번 눌러 사용합니다.

❸ **휠** : 둥근 모양의 바퀴를 손가락을 이용해 위 또는 아래쪽으로 돌려 사용합니다.

■ 마우스 용어

▶ 클릭(Click)

마우스 왼쪽 버튼을 한 번 눌렀다 떼는 동작으로 짧게 눌렀다가 떼어야 합니다. 주로 아이콘이나 메뉴등 선택할 때 사용하게 됩니다.

▶더블 클릭(Double Click)

마우스 왼쪽 버튼을 빠르게 연속으로 두 번 눌렀다가 떼는 동작으로 아이콘이나 폴더 등을 실행할 때 사용합니다.

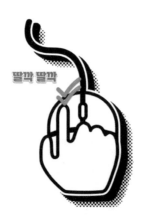

▶드래그&드롭(Drag & Drop)

마우스 왼쪽 버튼을 누른 상태에서 아이콘을 끌고 가는 동작으로 이동을 하거나 크기를 변경할 때 사용합니다.

▶오른쪽 버튼 클릭

마우스 오른쪽 버튼을 눌렀다 떼는 동작으로 바로가기 메뉴(정황메뉴)가 나타납니다.

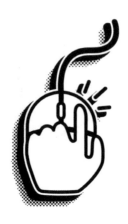

01-4 ··· 내 PC 정보 알아보기

01 내 PC의 시스템의 정보를 알아보려면 왼쪽 아래에 있는 ❶**시작**을 클릭한 후 ❷**설정(톱니바퀴)**을 클릭합니다.

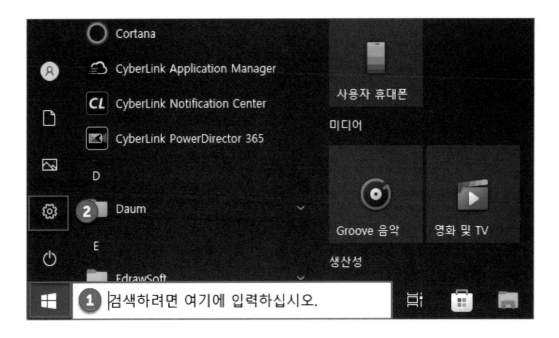

02 설정창이 열리면 가장 처음에 보이는 **시스템**을 클릭합니다.

03 시스템 화면에서 좌측하단의 **정보**를 클릭하면 현재 사용중인 컴퓨터의 정보와 디바이스 사양이 나타납니다.

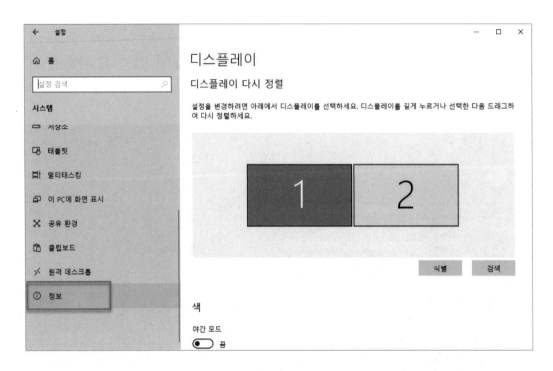

04 프로세서(CPU가 INTEL인지 AMD인지)와 설치된 RAM의 크기와 시스템의 종류가 보입니다. 여기서 중요한 것은 **RAM의 크기**와 시스템의 종류가 **32비트인지 64비트인지** 확인하는 것입니다.

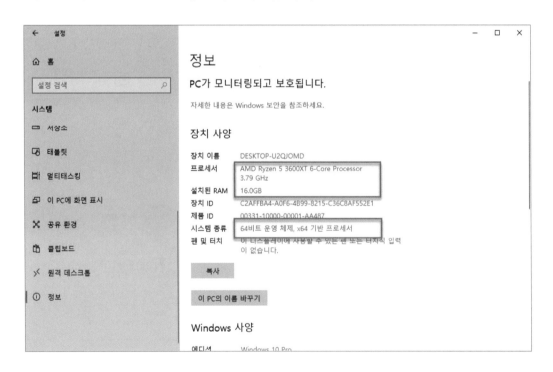

■ 배경화면 바꾸기

01 바탕화면에 **마우스 오른쪽 버튼**을 클릭한 후 **개인 설정**을 클릭합니다.

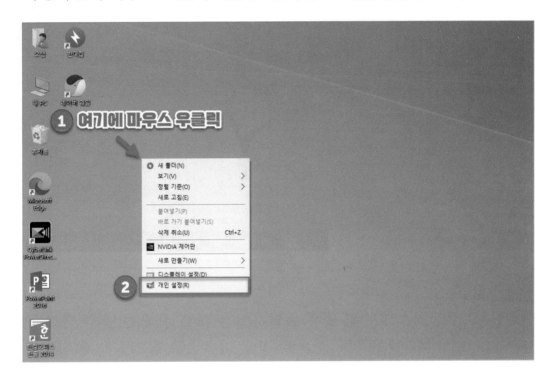

02 사용자 사진 선택에서 변경하고자 하는 사진을 클릭한 후 창을 닫고 나가면 배경화면이 변경되어 있습니다.

■ 색상 변경하기

01 바탕화면 빈 곳에 **마우스 오른쪽 버튼**을 클릭한 후 **개인 설정**을 선택합니다.

02 개인설정 창 좌측에서 ❶**색**을 클릭하면 오른쪽 창에서 밝은 색과 어두운 색으로 선택할 수 있습니다. 오른쪽 창에 마우스를 올려놓은 ❷**마우스 휠을 아래로 굴려서** 테마색이 보이도록 합니다.

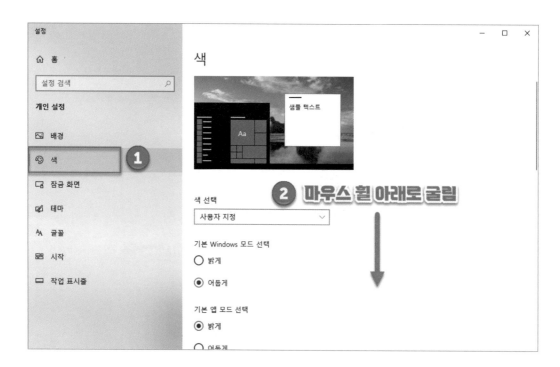

03 오른쪽 화면의 Windows 색상표에서 원하는 색을 선택한 후 시작, 작업표시줄 및 알림센터와 제목 표시줄 및 창 테두리를 체크해서 적용되는 영역을 지정한 후 창을 닫아줍니다.

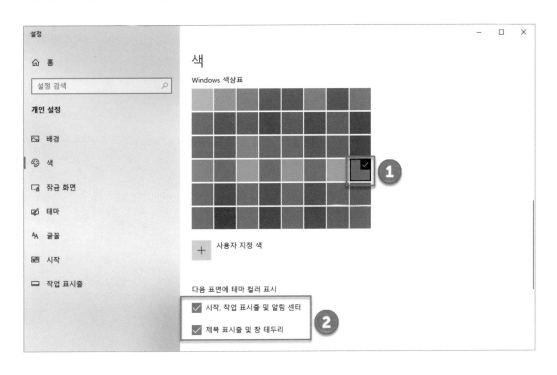

04 화면 왼쪽 하단에 위치한 **시작** 버튼을 클릭하면 시작 메뉴의 배경이 선택한 색으로 변경된 것을 확인할 수 있으며, 작업표시줄도 동일한 색으로 변경되었습니다.

■ 화면보호기 설정하기

01 바탕화면에서 마우스 오른쪽 버튼을 클릭한 후 **개인 설정**을 선택한 후 설정
창이 열리면 왼쪽 분류창에서 ❶**잠금 화면**을 선택하고, 오른쪽 내용 창에서
❷**화면보호기 설정**을 선택합니다.

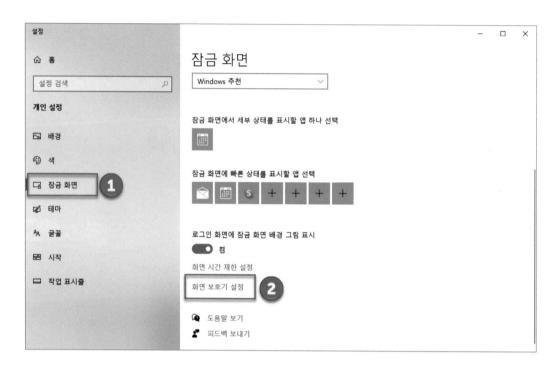

02 화면 보호기 설정 대화상자가 나오면 ❸**화면보호기** 드롭다운 버튼을 누른후
❹**비눗방울**을 선택합니다.

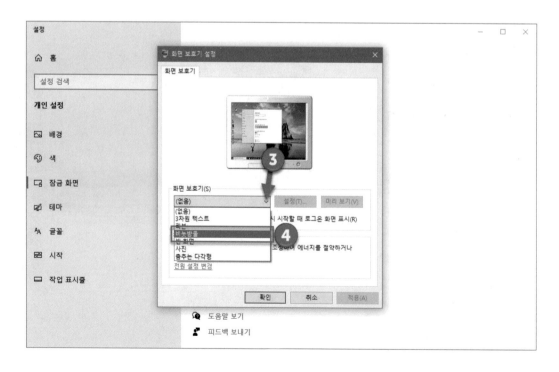

03 대기시간을 ❶5분으로 스핀버튼을 눌러서 수정한 후 ❷미리보기를 눌러서 어떤 결과가 나오는지 살펴봅니다. 컴퓨터 작업을 하다 마우스나 키보드를 5분 동안 작업이 없으면 화면보호기가 작동하게 됩니다.

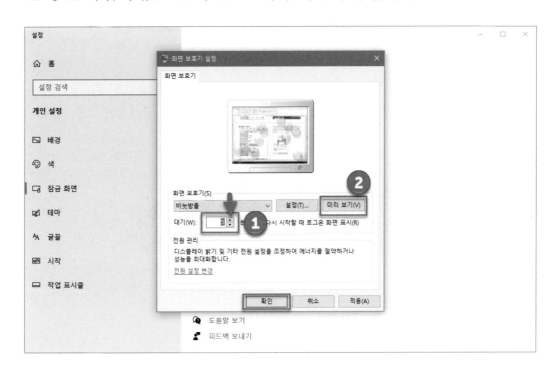

■ 테마 적용하기

01 바탕화면에서 개인 설정을 선택한 후 설정 창 왼쪽 분류창에서 ❶테마를 선택한 후 오른쪽 창에 ❷마우스 휠을 아래로 굴립니다.

02 오른쪽 내용 창에서 꽃 테마를 선택하면 배경, 색, 소리, 마우스 커서 등이 선택한 테마로 변경됩니다.

03 개인정보 설정 창을 닫아준 후 바탕화면이 나온 상태에서 **시작 메뉴**를 클릭하면 아래와 같이 변경된 것을 알 수 있습니다. 테마를 변경하면 배경, 창의 색, 소리, 마우스 커서의 세트가 변경됩니다.

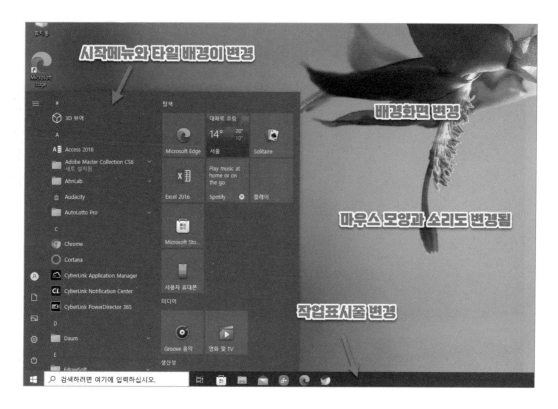

04 바탕화면에 마우스 오른쪽 버튼을 클릭해서 **다음 바탕 화면 배경**을 클릭하면 배경화면 등 테마가 변경됩니다.

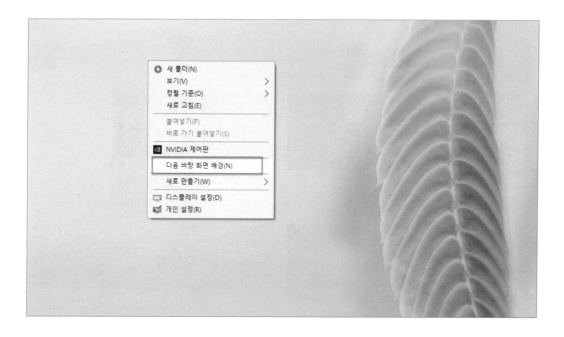

① 화면보호기를 리본으로, 대기시간은 10분으로 설정해 보세요.

② 개인 설정에서 테마를 아래와 같은 Windows 10으로 선택한 후 시작 메뉴 등에 적용된 것을 확인해 보세요.

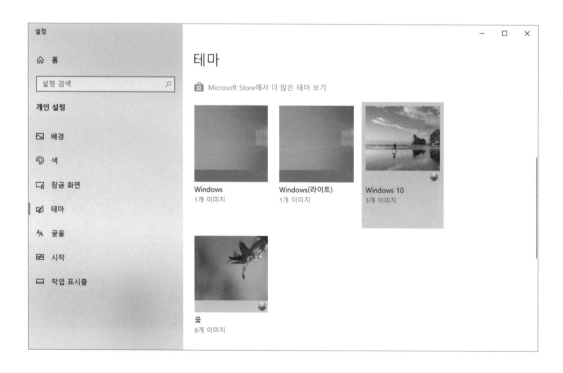

파일과 폴더

윈도우는 우리말로 무엇입니까? 창(Window)이라고 답변했다면 맞습니다. 그런데 창의 역할이 무엇인지 생각해 볼까요? 창이 가려주는 겁니까? 아니면 보여주는 것입니까? 여러분의 대답은 보여주는 것이라고 해야 됩니다. 윈도우10, 윈도우11이 만들어진 목적은 무엇인가를 찾아서 보여주는 것으로서, 컴퓨터는 저장을 어딘가에 해두는 것이고 그것을 빠르게 찾아서 보여주는 것은 윈도우의 역할입니다.

02-1 ··· 윈도우는 무엇인가?

■ 파일은 무엇인가요?

컴퓨터를 만들어진 주요 목적이 입력된 것을 **저장하기 위한 것**이라고 했는데, 저장되는 모든 것을 파일이라고 하며 우리가 볼 수 있는 가장 대표적인 파일은 **종이**입니다. 아래의 악보는 종이 위에 기록된 것으로 파일이라고 부릅니다.

■ 폴더란 무엇인가요?

연관된 파일들을 모아서 아래와 같은 폴더에 넣어 관리하게 되는 것이 일반적인 문서관리 행위로, 작성된 파일을 폴더에 보관하는 것이 컴퓨터가 주로 하는 역할이며, 윈도우는 파일이 어디에 저장되어 있는지 빠르게 찾아서 보여주거나 또 다른 관리를 하는 역할을 합니다.

■ 파일의 종류

한글워드, 엑셀, 메모장, 워드패드, 그림판 등의 프로그램에서 작업한 내용을 저장하면 파일이 생성되며 사진, 동영상, 음악 등도 모두 파일이라고 부릅니다.

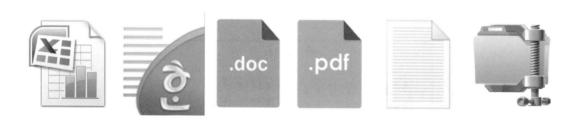

■ 폴더의 모양

어떤 내용을 프로그램으로 입력한 후 저장하게 되면 파일이 생성되는데 파일이 보관되는 장소 및 위치를 폴더라고 하는데 노란색 서류철 아이콘으로 보여지게 됩니다.

문서   컴퓨터이미지   동영상

01 화면 하단의 시작 버튼 오른쪽에 있는 **돋보기**를 클릭한 후 검색상자가 나오면 찾고자 하는 글자를 입력합니다.

02 ❶**돋보기** 버튼에 마우스 오른쪽 버튼을 클릭한 후, ❷**검색**에 마우스를 올려 놓으면 오른쪽으로 ❸**검색 상자 표시**를 선택합니다.

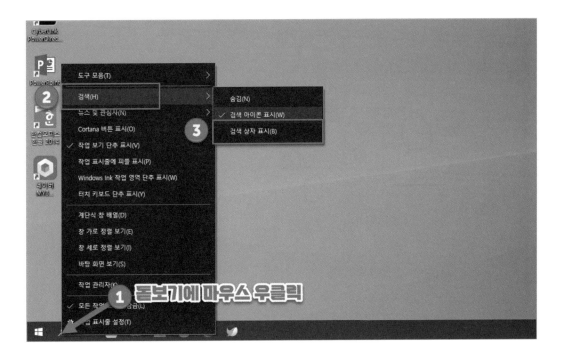

03 돋보기가 있는 검색 상자를 클릭한 후 **그림판**을 입력하면 정확하게 앱과 문서 등에서 그림판이란 글자가 있는 것을 찾아서 보여줍니다. 찾아진 **그림판**을 클릭해서 열어줍니다.

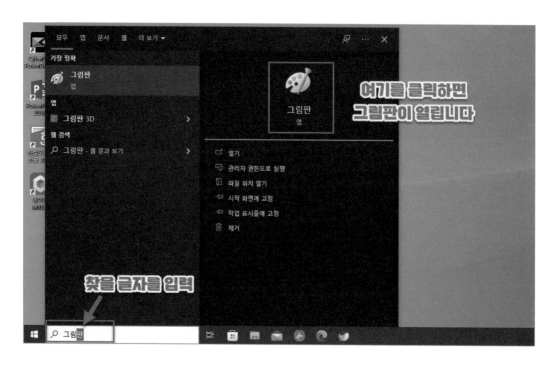

04 그림판 앱이 실행되면 여러분의 이름을 그려본 후 창 닫기를 합니다. ❶**창 닫기**를 하게 되면 저장할 것인지 여부를 물어보는데 ❷**저장 안함**을 클릭합니다.

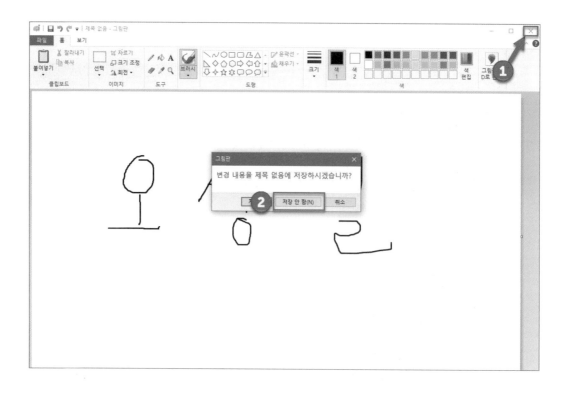

05 고전적인 방식으로 **시작 메뉴**를 클릭한 후 마우스 휠을 아래로 굴려서 Windows 보조프로그램으로 이동합니다.

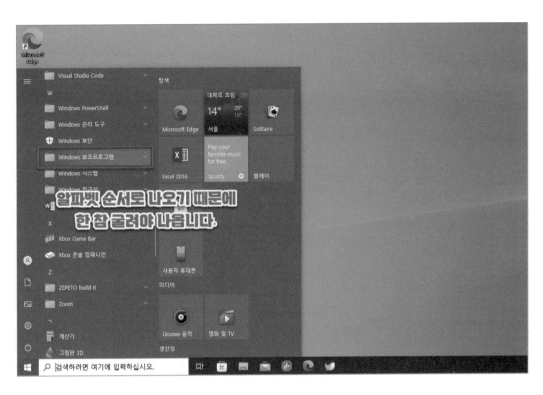

06 Windows 보조프로그램을 클릭하여 펼쳐진 목록에서 **그림판**을 선택합니다. 이렇게 찾으면 많은 시간이 소요됩니다.

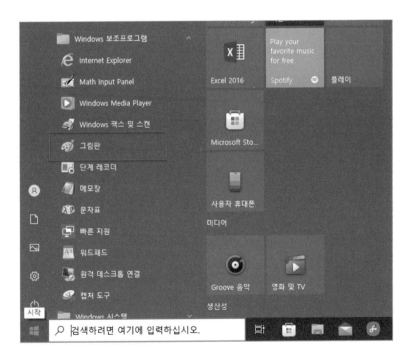

01 작업표시줄의 검색 상자를 클릭한 후 "메모장"을 입력합니다.

02 영어로 입력이 되면 키보드에서 [한/영] 키를 누른 후 한글로 입력을 하면 되는데, 현재 키보드 입력이 영어 상태인지 한글 상태인지의 확인은 화면 오른쪽 하단에 있는 알림창에서 확인할 수 있습니다.

03 찾은 메모장 아래에 보이는 **시작 화면에 고정**을 클릭하면 시작 메뉴를 눌렀을
때 타일에 고정이 되어 검색하지 않고도 빠르게 사용할 수 있게 됩니다.

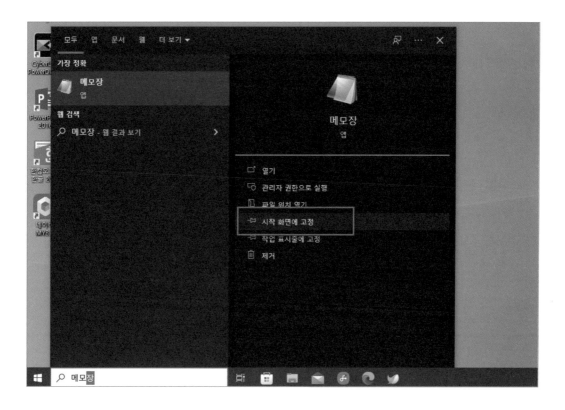

04 **시작 메뉴**를 클릭하면 **메모장**이 고정되어 있는데, 드래그를 해서 위쪽으로
이동시켜줍니다. 드래그를 다른 아이콘 위에 올려 놓으면 폴더를 생성하므로
이동할 때 조심해서 놓아야 합니다.

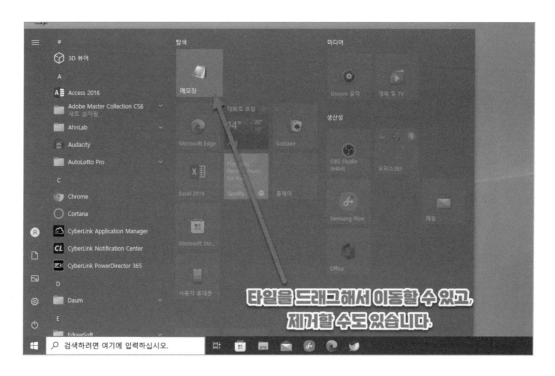

01 아래의 애국가 내용을 오타 없이 천천히 키보드로 입력해 주세요.

> 애국가 `Enter`
>
> `Enter`
>
> 1절 동해물과 백두산이 마르고 닳도록 `Enter`
>
> 하느님이 보우하사 우리나라 만세 `Enter`
>
> 2절 남산위에 저소나무 철갑을 두른 듯 `Enter`
>
> 바람서리 불변함은 우리기상 일세

컴퓨터 활용 꿀팁

키보드에서 한글을 입력할 때 자음은 왼쪽에, 모음은 오른쪽에 자리하고 있습니다. 한글은 초성, 중성, 종성으로 구성되어 왼쪽을 더 많이 이용하게 됩니다. 키보드 연습을 많이 하게 되면 이렇게 왼손을 많이 사용하게 되어 뇌운동이 자동으로 되는 것입니다. 일부러라도 키보드로 글자를 입력하면서 뇌자극을 주어 건강한 삶을 유지하시기 바랍니다.

02 입력한 애국가를 컴퓨터에 저장하기 위해 ❶파일 메뉴를 클릭한 후 ❷저장을 클릭합니다,

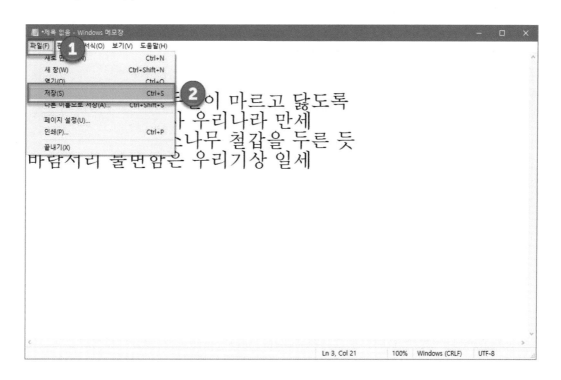

03 저장할 위치(폴더)는 ❶문서를 클릭한 후 파일 이름은 ❷애국가를 입력하고 ❸저장을 클릭합니다. 이렇게 해서 우리는 문서라는 폴더에 애국가라는 이름으로 보관을 한 것입니다.

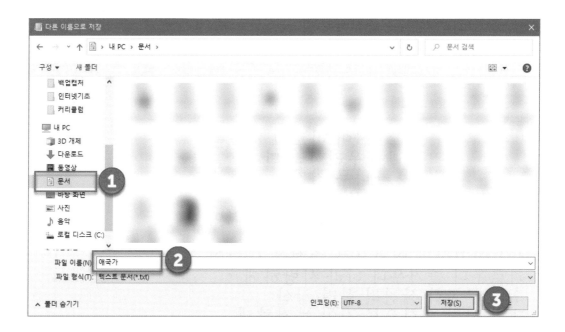

04 계속해서 아래의 내용을 추가해서 입력을 하도록 합니다. 2절 끝에 마우스를 클릭해서 커서를 위치한 후 Enter 를 눌러서 3절부터 입력을 합니다.

애국가

1절 동해물과 백두산이 마르고 닳도록

하느님이 보우하사 우리나라 만세

2절 남산위에 저소나무 철갑을 두른 듯

바람서리 불변함은 우리기상 일세 Enter

3절 가을하늘 공활한데 높고 구름없이 Enter

밝은 달은 우리 가슴 일편단심일세 Enter

4절 이기상과 이맘으로 충성을 다하여 Enter

괴로우나 즐거우나 나라 사랑하세 Enter

후렴 무궁화 삼천리 화려 강산 Enter

대한 사람 대한으로 길이 보전하세 Enter

05 **파일** 메뉴를 클릭한 후 **저장**을 클릭한 후 창을 닫기합니다. 이번에 저장할 때 는 이미 애국가라는 파일이름이 있으므로 대화상자가 열리지 않습니다.

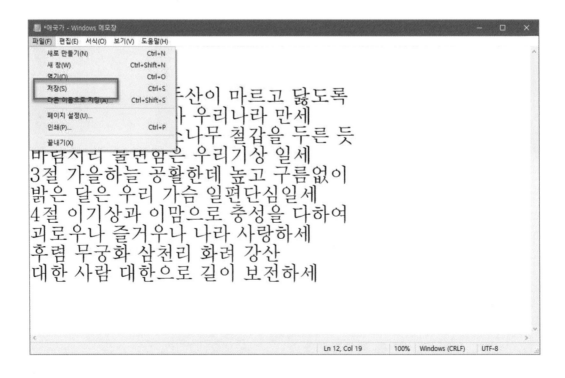

■ 한자 입력하기

01 백두산을 한자로 변환할 것이므로 **백** 앞에 커서를 놓고 ⬚한자 **키**를 눌러서
나오는 한자 중에 **흰백(白)**을 클릭합니다.

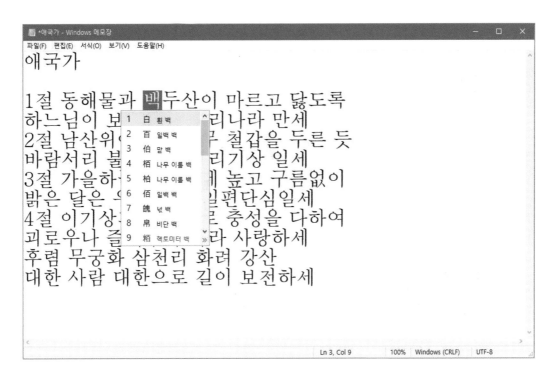

02 아래와 같이 한자로 모두 변경해 주도록 합니다.

애국가

1절 동해물과 白頭山이 마르고 닳도록

하느님이 保佑하사 우리나라 만세

2절 南山위에 저소나무 鐵甲을 두른 듯

바람서리 불변함은 우리氣像 일세

3절 가을하늘 空豁한데 높고 구름없이

밝은 달은 우리 가슴 一片丹心일세

4절 이기상과 이맘으로 忠誠을 다하여

괴로우나 즐거우나 나라 사랑하세

후렴 無窮花 三千里 華麗 江山

大韓 사람 大韓으로 길이 保全하세

03 이번에는 기존 애국가.txt에 저장하지 않고 수정한 내용을 다른 이름으로 저장을 해서 원본을 유지하도록 하겠습니다. **파일** 메뉴를 클릭한 후 **다른 이름으로 저장**을 클릭합니다.

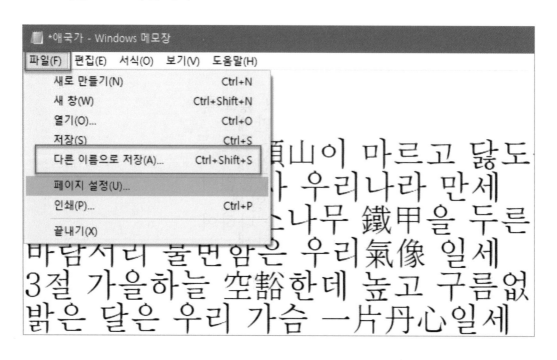

04 저장할 폴더는 문서 폴더로 그대로 두고 파일 이름을 **애국가(한자)**로 입력한 후 **저장**을 클릭합니다.

■ 기호 입력하기

01 아래와 같이 애국가(한자) 파일의 내용을 변경하는데 주황색 글자로 된 부분을 변경하면 되고 1절부터 4절까지 두 번째 줄은 SpaceBar(스페이스바)로 공백을 넣어 밀어주세요.

애국가

(1절) 동해물과 白頭山이 마르고 닳도록
         하느님이 保佑하사 우리나라 만세
(2절) 南山위에 저소나무 鐵甲을 두른 듯
         바람서리 불변함은 우리氣像 일세
(3절) 가을하늘 空豁한데 높고 구름없이
         밝은 달은 우리 가슴 一片丹心일세
(4절) 이기상과 이맘으로 忠誠을 다하여
         괴로우나 즐거우나 나라 사랑하세
(후렴) 無窮花 三千里 華麗 江山
         大韓 사람 大韓으로 길이 保全하세

02 가장 첫 번째 줄인 제목 애국가의 애 글자 앞에 클릭한 후 한글 자음인 **ㅁ을 입력한 후 키보드 [한자] 키를** 누릅니다. 커서가 사각형으로 글자가 완성이 안 된 상태에서 [한자] 키를 누릅니다.

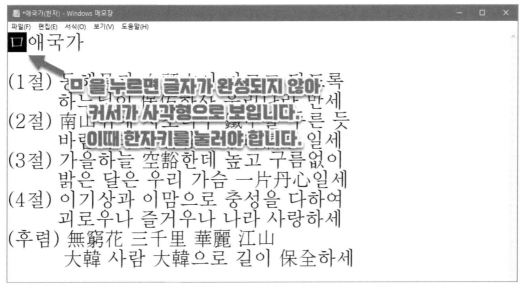

03 기호 창이 나오면 8에 있는 **검은별**을 클릭합니다.

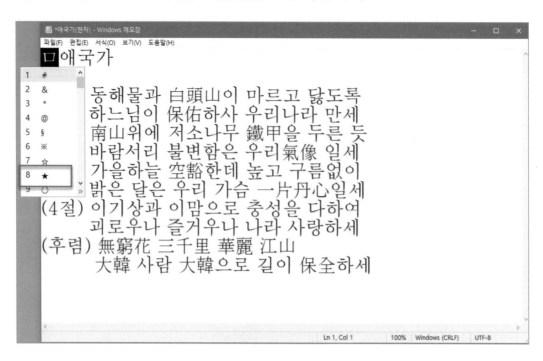

04 애국가 글자 뒤에 커서를 위치한 후 다시 ㅁ을 입력한 후 〔한자〕 키를 눌러서
기호 창이 나오면 **보기변경** 버튼을 클릭합니다.

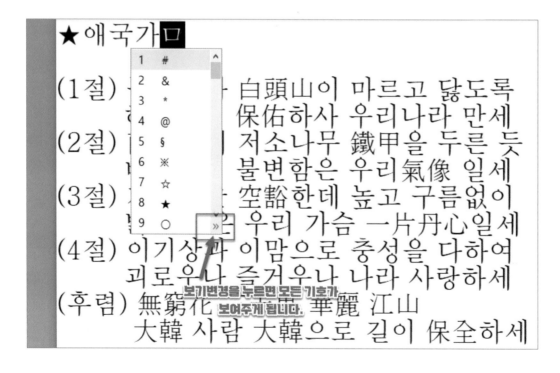

05 다양한 도형문자가 나오는데 여기서는 **검정색 사각형 기호(■)**를 클릭합니다. 이렇게 표현되는 도형을 전각도형이라고 하며, 자음을 입력한 후 `한자` 키를 누르면 다른 도형문자들이 나오게 됩니다.

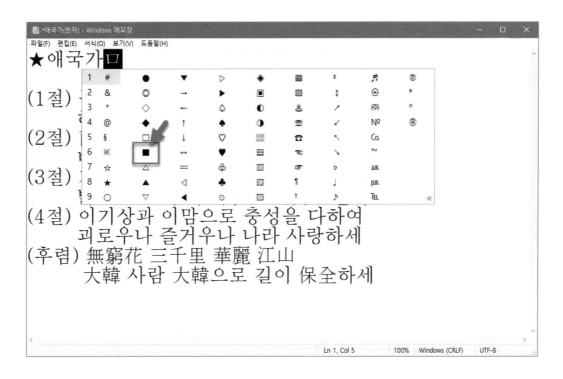

06 기존 파일은 유지한 상태에서 새로운 파일로 저장하기 위해 **파일** 메뉴를 클릭한 후 **다른 이름으로 저장**을 클릭해서 저장합니다.

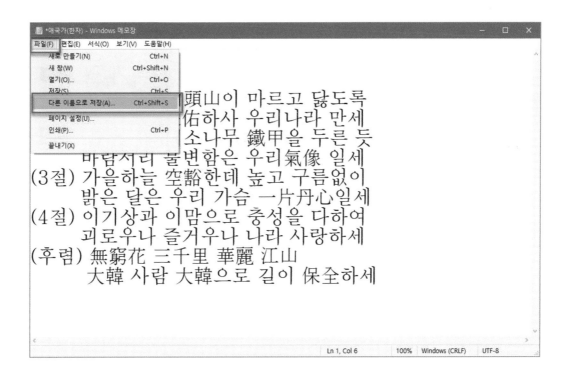

07 저장할 장소는 **문서** 폴더를 그대로 유지하고, 파일 이름 칸에는 **애국가(기호)** 를 입력한 후 **저장**을 클릭해서 저장한 후 메모장을 닫아주세요.

08 바탕화면의 **내 PC**를 더블클릭해서 실행한 후 **문서** 폴더를 열어서 저장된 파일을 확인합니다.

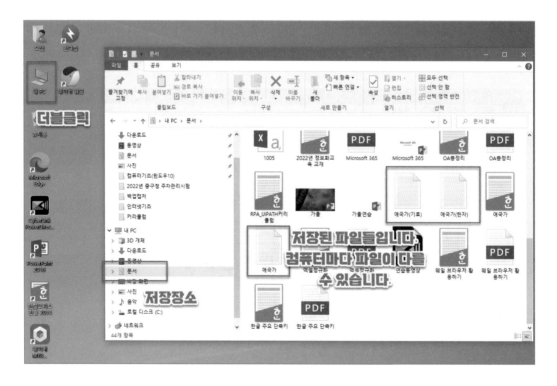

혼자 해 보기

1 검색 상자에서 **"기본 웹 브라우저 선택"**을 찾아서 실행해 보세요.

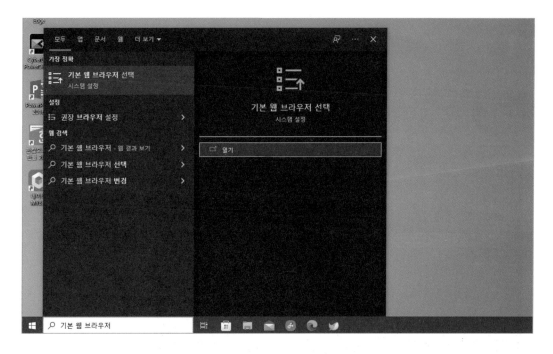

2 그림판을 실행한 후 아래와 같이 작업한 후 저장해 보세요.

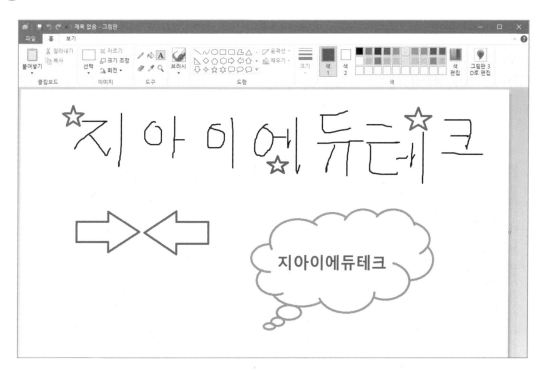

Chapter

03 시작 메뉴와 창 다루기

03-1 ··· 시작 메뉴 크기 바꾸기

01 시작 메뉴를 아래와 같이 위쪽 테두리를 아래로 드래그합니다.

02 시작 메뉴의 화면의 높이를 조절할 수 있듯 오른쪽으로 늘리거나 줄일 수도 있습니다. 시작 메뉴의 테두리에 마우스를 올려놓은 후 마우스포인터가 **양쪽 화살표 모양**이 되었을 때 드래그합니다.

01 시작 버튼을 눌러서 앱 목록에서 Windows <u>보조프로그램</u>을 찾아서 클릭합니다.

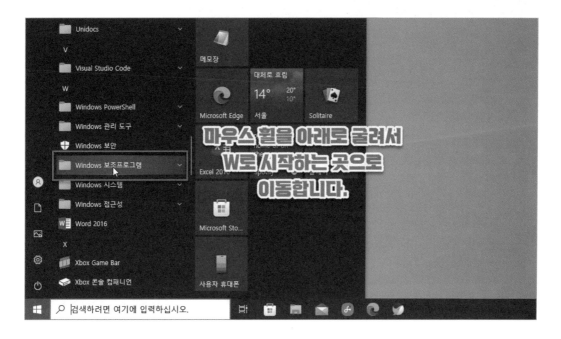

02 워드패드에 마우스를 올려놓은 후 라이브 타일의 빈 영역으로 드래그해서 고정시켜줍니다.

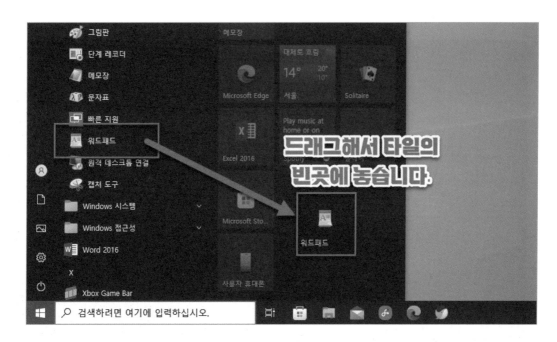

03 그림판과 **문자표**도 동일한 방법으로 워드패드 옆으로 드래그&드롭해서 고정시켜줍니다.

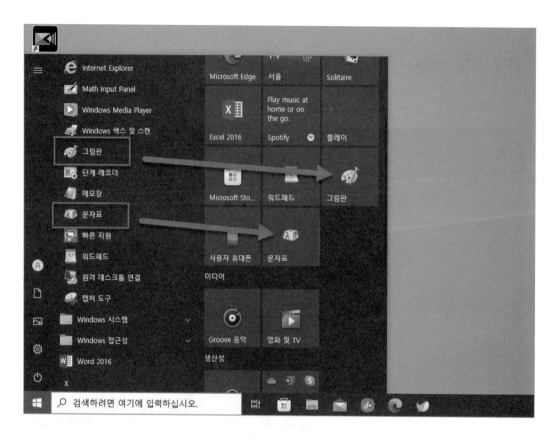

04 타일에 새로 고정한 워드패드, 그림판, 문자표가 그룹으로 모여 있는데 그룹의 이름을 변경합니다. 마우스를 **그룹 이름 지정**에 클릭한 후 **"보조프로그램"**을 입력한 후 Enter 를 누릅니다.

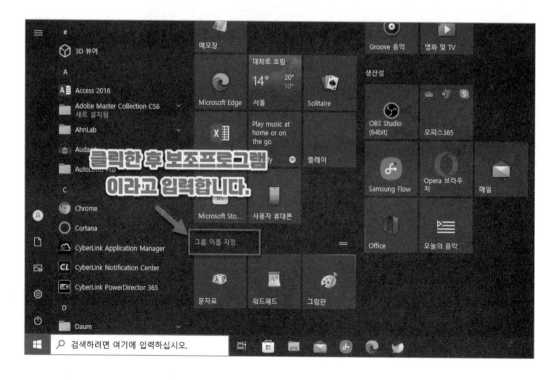

05 타일에 미리 고정해 두었던 **메모장**을 드래그해서 **보조프로그램** 그룹으로 이
동시킵니다.

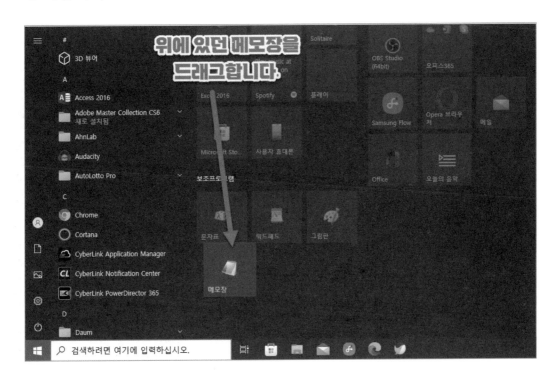

06 보조프로그램 그룹의 타일에 마우스 오른쪽 단추를 눌러서 **크기 조정 - 작게**
를 클릭합니다.

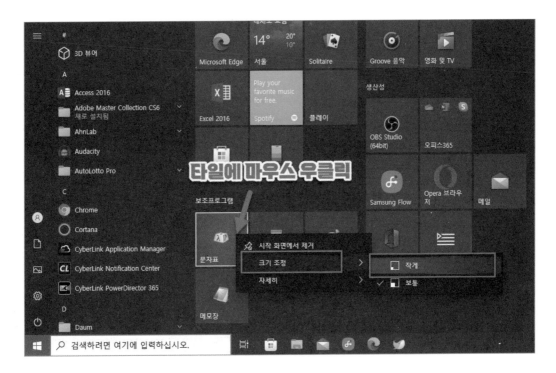

07 나머지 보조프로그램 그룹에 있는 타일의 크기를 작게 만들어서 아래와 같이
작업해 보세요..

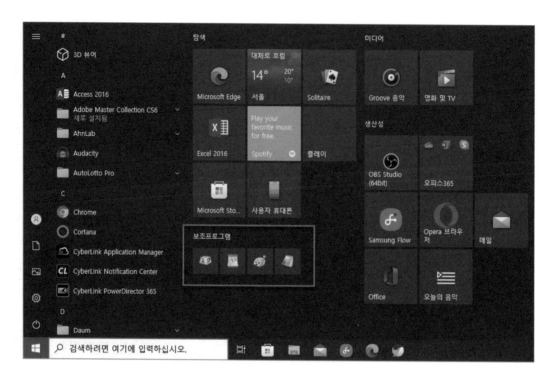

08 **보조프로그램** 그룹에 마우스 오른쪽 버튼을 클릭한 후 **시작에서 그룹 고정 해
제**를 선택하면 타일이 제거됩니다.

01 돋보기에서 **❶**"워드패드"를 입력한 후 검색된 **❷**워드패드를 클릭합니다.

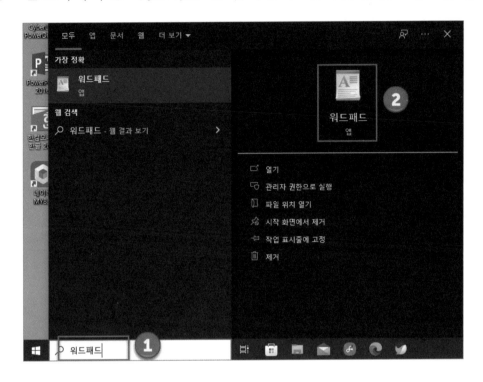

02 워드패드를 열었으니 닫기를 해 주는 것을 알아야 합니다. **닫기**는 오른쪽 상
단에 **X 버튼**을 클릭하면 됩니다. 글자를 입력하는 중이라면 저장하겠느냐고
물어보는데 **아니오(N)**를 누르면 됩니다.

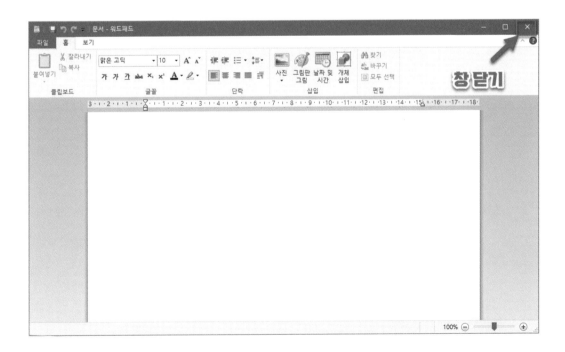

03 위와 동일한 방법으로 **워드패드**를 다시 실행한 후 오른쪽 상단의 창 도구에서 **최대화** 버튼을 클릭합니다.

04 모니터 화면에 최대 크기로 꽉 차게 되는데, 다시 원래대로 화면을 복원하려면 최대화 버튼이 이전크기로 복원으로 변경되어 있습니다. **이전크기로 복원**을 클릭하면 창이 원래 크기로 되돌아갑니다.

05 창의 크기를 조절하기 위해 워드패드의 오른쪽 하단에 마우스를 올려 놓습니다. 마우스 포인터가 아래처럼 변경됩니다. 마우스 왼쪽 단추를 누른 상태에서 드래그를 하게 되면 창의 크기를 작게 합니다.

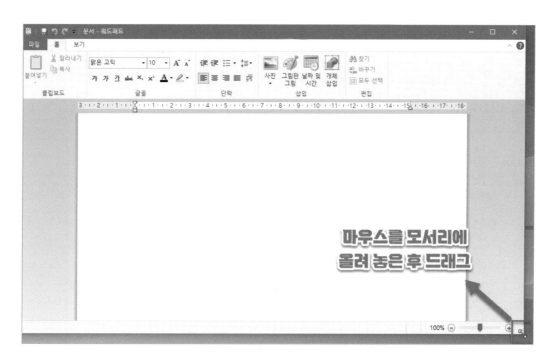

06 마우스를 워드패드의 **제목표시줄**에 올려 놓은 후 드래그를 하면 창을 이동시킬 수 있습니다.

07 워드패드가 가려서 바탕화면의 아이콘이 안보일 경우에는 창을 이동시킬 수도 있지만 창을 작업표시줄로 내려서 볼 수도 있습니다. **최소화** 버튼을 클릭합니다.

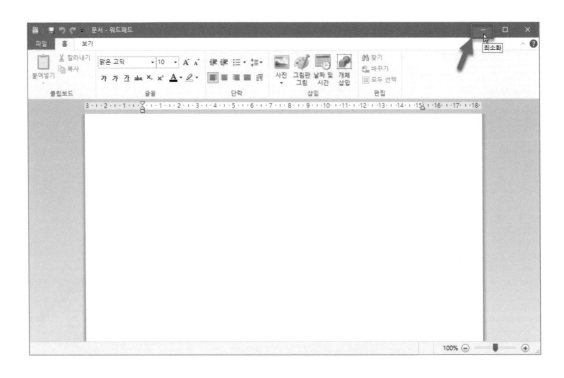

08 작업표시줄의 워드패드 아이콘 버튼을 클릭하면 다시 원래화면으로 복원이 됩니다.

03-4 ··· 스냅 기능 다루기

스냅 기능은 창을 화면에 알맞은 크기로 배치하여 효과적인 창 작업을 도와주는 기능입니다. 대형 와이드 모니터에 사용하면 효과적입니다.

01 워드패드, 메모장, 그림판, 파일 탐색기 4개를 각각 실행합니다.

02 가장 위에 있는 창의 제목표시줄을 오른쪽이나 왼쪽 끝으로 마우스 화살표 끝이 닿도록 드래그를 합니다.

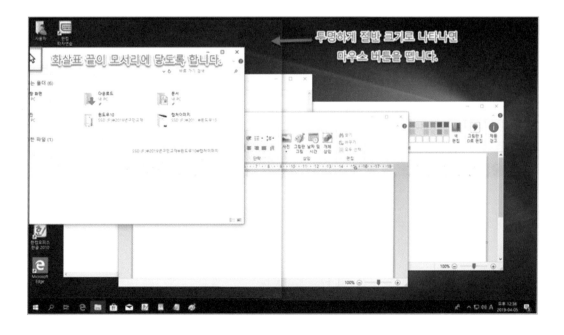

03 나머지 창은 반대편에 자동으로 나열되는데 정렬된 창에서 하나를 클릭하면 반대쪽창에 절반을 차지하게 됩니다.

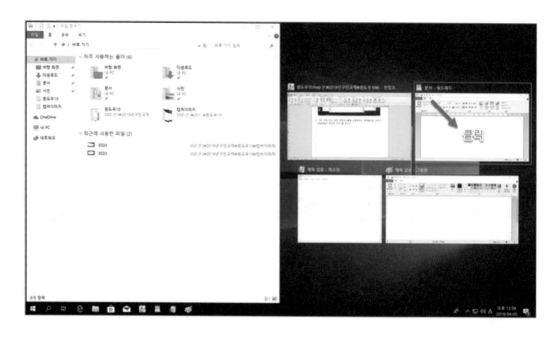

04 2개의 창이 반쪽씩 찬 화면이 보이는데 방금 클릭해서 반쪽 차지한 창의 제목표시줄을 모서리로 드래그합니다.

05 마우스 왼쪽 단추를 떼면 창의 크기가 1/4로 변경되어 나머지 창들이 정렬되어 나타납니다. 동일한 방법으로 창을 하나 더 선택합니다.

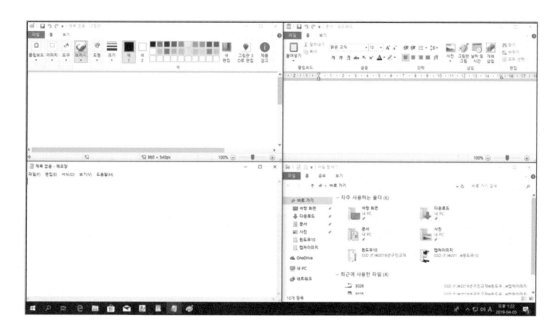

※ 4개의 창을 분할해서 사용하려면 최소한 모니터의 크기가 24인치 이상이 되어야 실제 창을 분할해서 사용하는데 도움이 됩니다. 보통은 4분할을 사용하기보다 2분할을 사용하는 것이 효과적입니다.
스냅 기능을 이용하는 방법도 있지만 더 편한 방법은 작업표시줄에 마우스 오른쪽 단추를 눌러서 창 세로 정렬을 하는 방법입니다. 4개의 창을 실행한 후 작업해 보세요.(윈도우키와 방향키도 사용해 보세요)

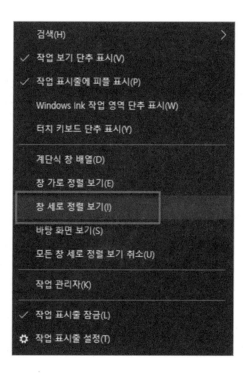

새 데스크톱은 가상 데스크톱인데 하나의 컴퓨터에 여러 개의 바탕화면을 생성하는
기능으로, 여러 가지 앱을 실행시켜서 작업할 때 좋습니다. 단순하게 아이콘만 나열
하는 것이 아니라 바탕화면에 창을 열어서 관리할 수 있게 됩니다.

01 작업 표시줄의 ❶작업보기를 클릭한 후 ❷+새 데스크톱을 클릭합니다.

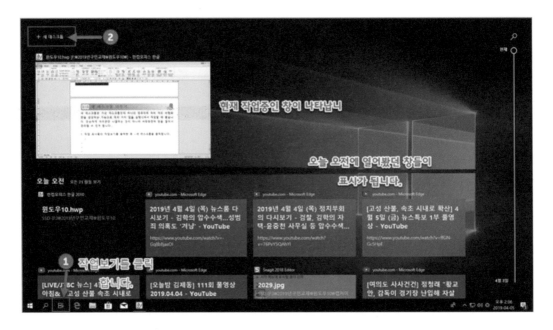

02 +새 데스크톱을 두 번 클릭을 해서 3개의 데스크톱을 만듭니다.

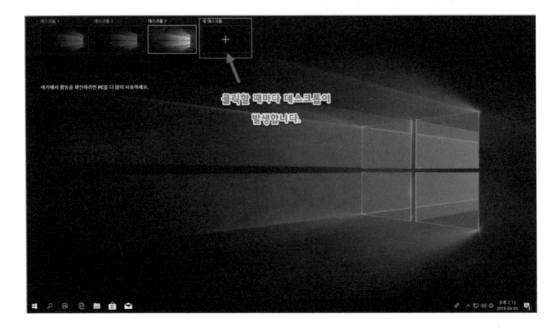

03 ❶데스크톱 2를 선택한 후 작업표시줄의 검색 상자에 "워드패드"를 입력해서 검색한 후 ❷워드패드를 실행하고, 메모장을 하나 더 실행한 후 ❸작업보기를 클릭합니다.

04 작업보기 화면이 나오면 열린 **메모장**을 **데스크톱 3**으로 드래그&드롭해서 이동시켜 보세요. 이렇듯 데스크톱에서 다른 데스크톱으로 앱을 이동시킬 수 있습니다.

■ 앱 이동하기

작업 보기에서 현재 데스크톱의 앱을 이동할 때 마우스 오른쪽 단추를 클릭한 후 **이 동 위치 - 데스크톱**을 선택하면 됩니다.

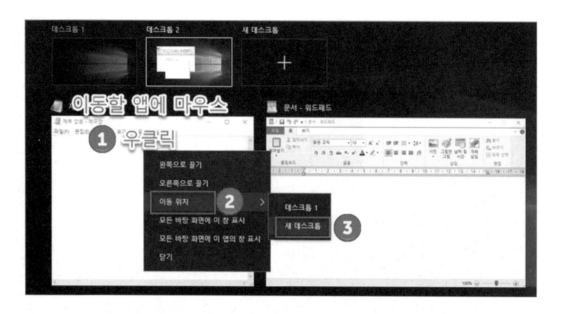

■ 키보드의 [윈도우]+[Tab] 키 이용하기

Alt + Tab 키를 동시에 누르면 데스크톱에 실행중인 앱을 선택할 수 있는 화면이 나 오게 됩니다. 윈도우 + Tab 키를 눌렀을 때 데스크톱 화면을 선택하는 화면이 나오는 것과는 다릅니다.

01 시작 메뉴 - 설정을 차례대로 클릭합니다.

02 Windows 설정 창이 열리면 아래와 같이 **개인 설정**을 클릭합니다.

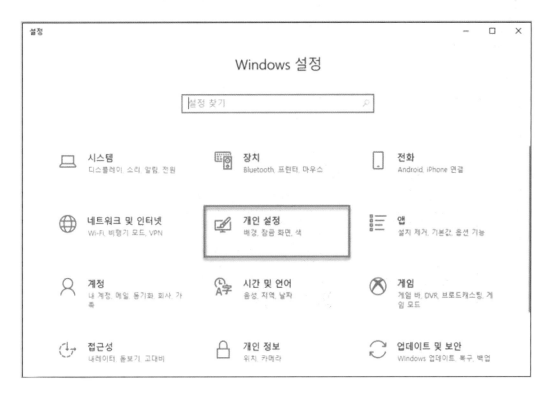

03 설정 창이 나오면 왼쪽에서 **❶시작**을 클릭하고 오른쪽에서 **❷시작 메뉴에서 앱 목록 표시**를 **끔**으로 설정합니다.

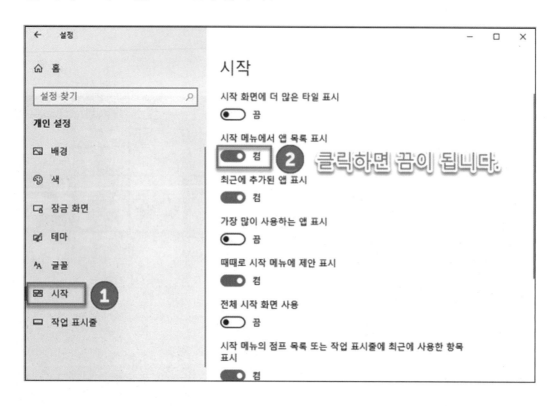

04 창을 닫은 후 **시작** 버튼을 클릭하면 왼쪽에 보이던 앱 목록이 표시되지 않습니다. 타일에 적응이 되지 않아서 불편하기도 합니다.

05 시작 메뉴의 왼쪽에 **모든 앱**을 클릭하면 타일이 표시되지 않고 앱 목록이 표시됩니다.

06 아래와 같이 앱 목록이 표시되며 **라이브 타일** 버튼을 누르면 다시 타일만 나오게 됩니다. 앱 목록과 타일 버튼을 눌러서 확인해 보세요.

07 시작 - 설정 - 개인 설정에서 시작 - 시작 메뉴에서 앱 목록 표시를 켬으로 다시 설정해 줍니다.

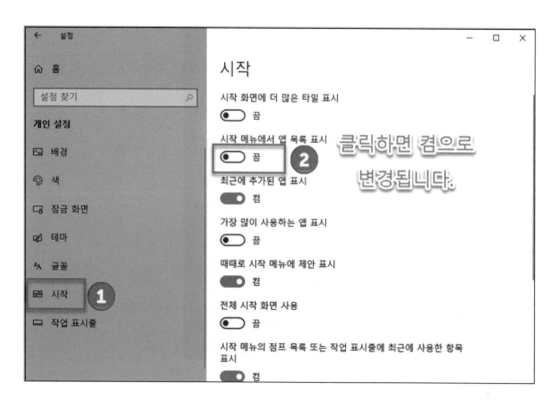

08 개인설정 화면에서 왼쪽 창에서 ❶시작을 클릭한 후 오른쪽 창에서 ❷전체 시작 화면 사용을 켬으로 설정해 보세요. 켬으로 변경했으면 창을 닫고 시작 메뉴를 클릭해 보세요.

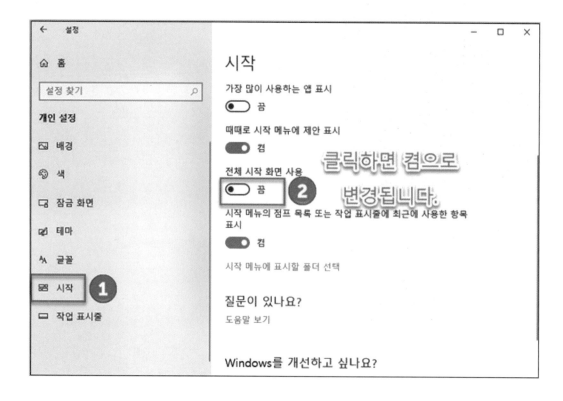

09 아래와 같이 시작 메뉴를 클릭하면 메뉴가 배경화면에 라이브 타일형식으로 보이게 되는 것을 확인할 수 있습니다. 윈도우10은 태블릿과 겸용으로 사용하기 위해 개발된 윈도우 버전이라 이런 기능이 생겼습니다.

10 좌측에서 **모든 앱**을 클릭하면 앱 목록들이 나오고 라이브 타일은 보이지 않게 됩니다. **라이브 타일**을 누르면 반대로 앱 목록이 사라지고 라이브 타일이 보이게 됩니다.

11 다시 원래대로 **전체 시작 화면 사용을 끔**으로 설정해 주세요.

■ 시작 메뉴 항목 추가/제거하기

01 시작 버튼을 눌러서 나오는 메뉴에 아래와 같이 문서, 사진 등이 표시가 됩니다. 여기에 추가하거나 제거하는 작업을 해보도록 합니다.

02 시작 - 설정 - 개인 설정을 차례대로 선택해서 설정창이 열리면 왼쪽에서 ❶시작을 클릭하고 오른쪽 창에서 ❷시작 메뉴에 표시할 폴더 선택을 클릭합니다.

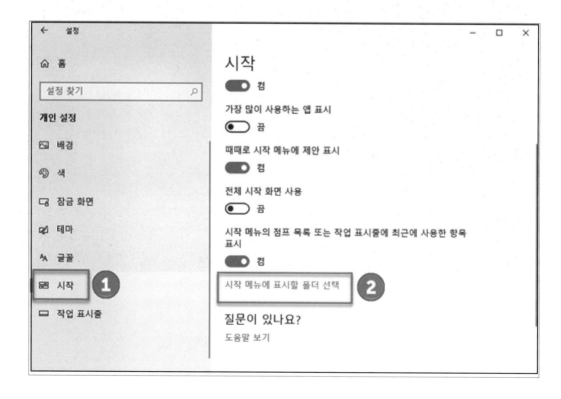

03 **켬**으로 되어 있는 버튼을 클릭해서 모두 **끔**으로 변경해 줍니다. 이제 창을 닫고 **시작** 버튼을 클릭해 봅니다.

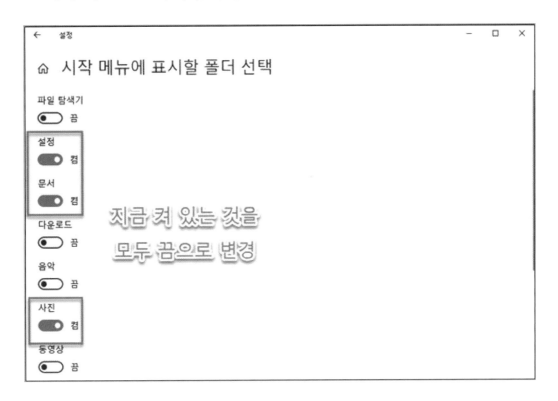

04 아래와 같이 사용자, 전원만 남겨지고 모두 제거가 되었습니다. 자주 사용하는 **설정, 문서, 사진**을 다시 **켬**으로 설정해 주세요.

① 메모장과 그림판을 검색해서 실행한 후 윈도우 키와 방향키를 이용해서 아래와 같이 창을 배열해 보세요.

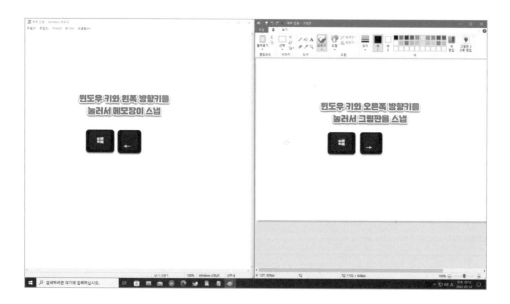

② 시작 메뉴의 타일 구성을 아래와 같이 그림판, 메모장, 문자판, 워드패드를 보조프로그램 그룹으로 형성한 후 맨 위로 이동해 보세요.

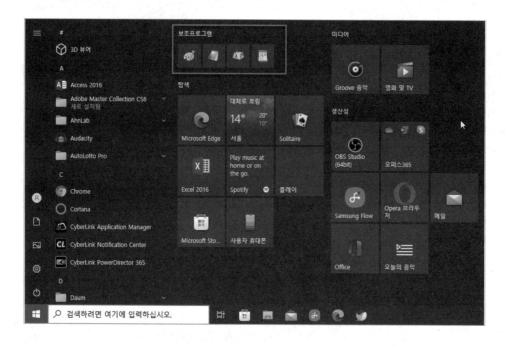

파일 탐색기 사용하기

04-1 ··· 파일 탐색기 화면 구성

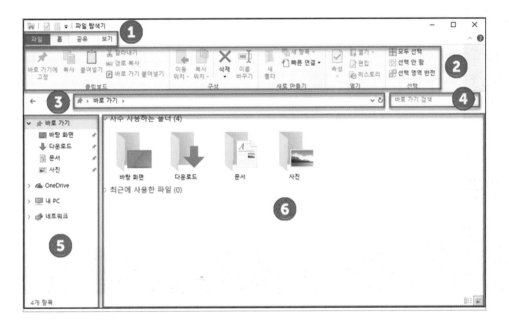

❶ **메뉴모음** 파일 탐색기의 탭 메뉴로 클릭할 때마다 리본 도구모음이 변경됩니다. 리본확장(∨), 리본축소(∧)로 도구모음을 표시하거나 끌수 있습니다.

❷ **도구모음** 탭 메뉴에 해당하는 도구들이 리본으로 표시됩니다.

❸ **주소표시줄** 현재 열려있는 폴더의 위치를 표시합니다.

❹ **검색상자** 입력된 내용을 포함하고 있는 파일이나 폴더를 검색하고 내용을 표시합니다.

❺ **탐색 창** 폴더등이 표시가 되며 빠르게 폴더로 이동할 수 있습니다. 바로가기, 내 PC, 네트워크 등이 나타납니다.

❻ **내용 창** 현재 작업중인 폴더에 포함된 파일이나 폴더를 보여주는 창입니다.

검색상자를 클릭하면 정황메뉴가 표시됩니다.

■ 레이아웃(아이콘 보기) 변경하기

01 작업표시줄의 파일 탐색기를 클릭합니다.

02 ❶보기 탭 메뉴를 클릭한 후 바로 아래에 보여지는 리본에서 레이아웃 그룹의 ❷목록을 클릭합니다.

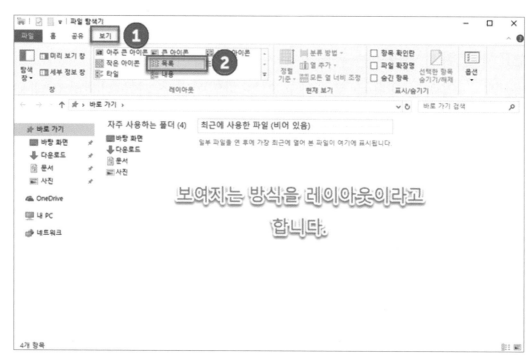

03 보기 탭 메뉴를 클릭한 후 바로 아래에 보여지는 리본에서 레이아웃 그룹의
큰 아이콘을 클릭해 보세요.

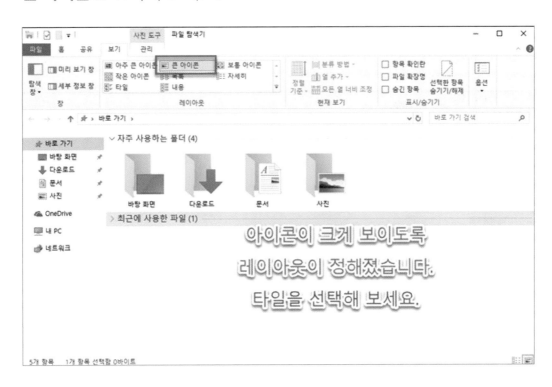

04 보기 탭 메뉴를 클릭한 후 바로 아래에 보여지는 리본에서 레이아웃 그룹의
아주 큰 아이콘을 클릭해 보세요.

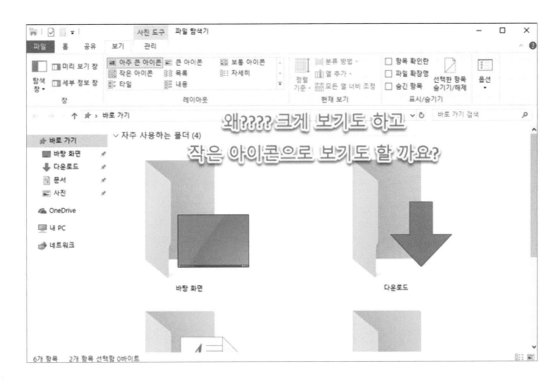

05 보통 아이콘으로 선택해서 처음 상태로 사용하도록 합니다.

■ 파일 형식 표시/숨기기

01 파일 탐색기를 실행한 후 좌측 탐색 창에서 ❶문서를 클릭해서 앞 과정에서 저장해 두었던 **애국가** 파일이 보이도록 작업한 후 ❷보기 탭의 리본메뉴에서 ❸파일 확장명 옵션 버튼을 체크합니다.

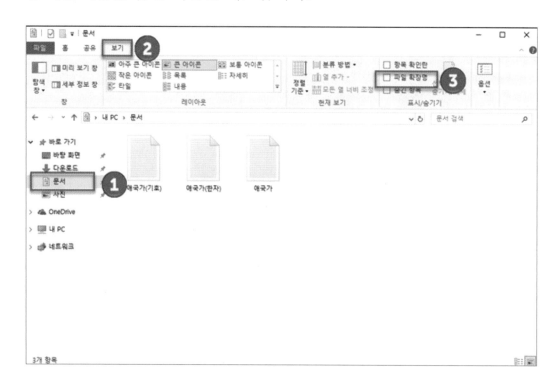

02 파일 확장명을 체크하면 파일 이름 뒤에 확장자명이 보이게 되는 것을 확인할 수 있습니다.

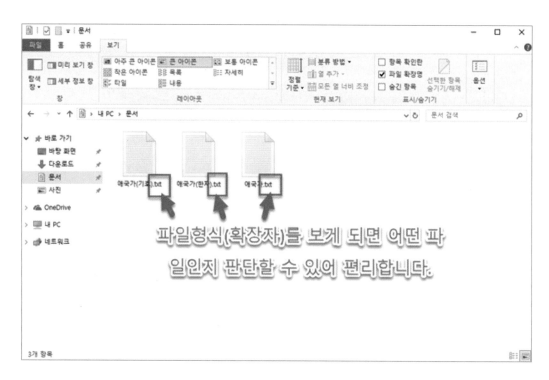

■ 파일 형식을 보고 레이아웃은 자세히 보기

파일 형식을 보게 된다고 모든 것이 해결되는 것은 아니고 한 걸음 더 나아가 알아본다면 **이렇게 보는 이유**를 알아야 합니다. 그 이유는 **같은 종류의 파일들을 모아서 작업**하기 편리하도록 찾기 위함입니다.

01 파일 탐색기를 실행한 후 탐색 창에서 **문서**를 클릭한 후 내용 창의 빈 곳에 마우스 오른쪽 단추를 클릭해서 바로가기 메뉴(정황메뉴)를 보이도록 합니다.

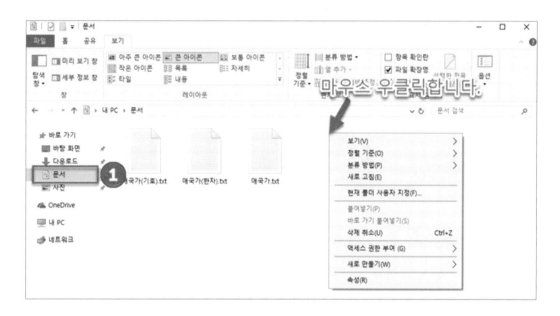

02 바로가기 메뉴(정황메뉴)에서 **❶새로 만들기** - **❷비트맵 이미지**를 차례대로 클릭합니다.

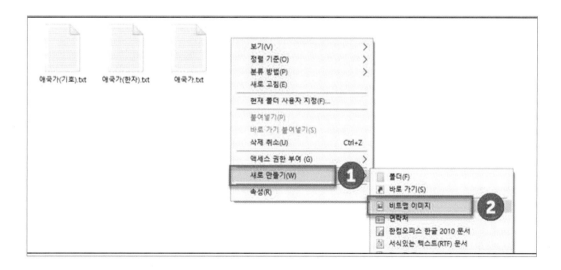

03 새 비트맵 이미지의 글자를 [Back Space] 키로 지우고 **지리산**이라고 입력한 후 [Enter]를 누릅니다.

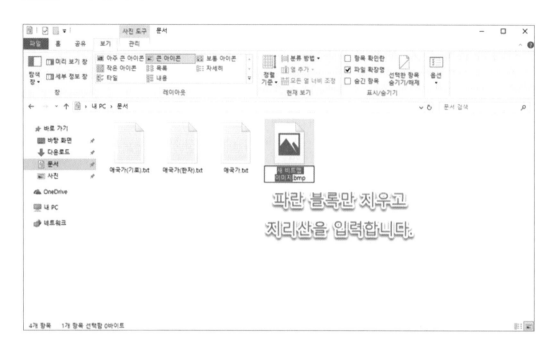

04 동일한 방법으로 아래와 같이 **한라산, 백두산, 설악산, 감악산, 인왕산** 이라는 비트맵 이미지 파일을 만들어 줍니다.

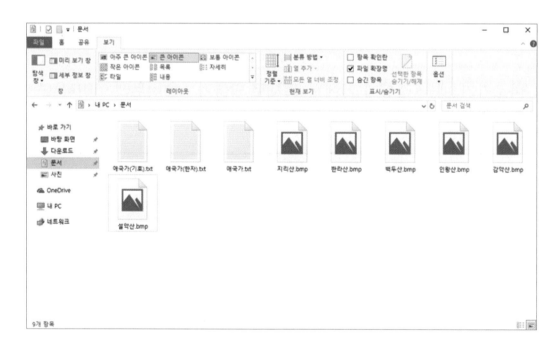

05 파일을 새로 만들게 되면 윈도우7에서는 자동으로 정렬이 되었지만 윈도우 10은 만들어진 순서대로 나열이 되어 있습니다.

06 좌측 탐색 창에서 **문서**를 클릭하면 아래와 같이 **파일 이름** 순서대로 다시 정렬이 되는 것을 확인할 수 있습니다.

07 **보기** 탭 메뉴의 레이아웃 그룹에서 **자세히**를 선택합니다. 내용 창의 파일이 보여지는 레이아웃 형식이 변경된 것을 확인합니다.

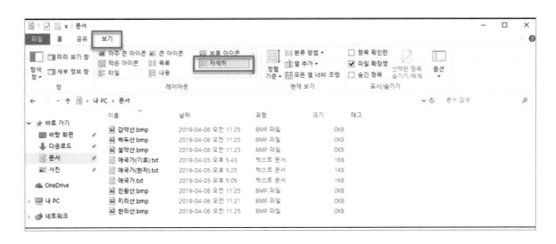

08 탐색 창에 보여지는 이름, 날짜, 유형, 크기, 태그 필드명에서 **유형**을 클릭합니다.

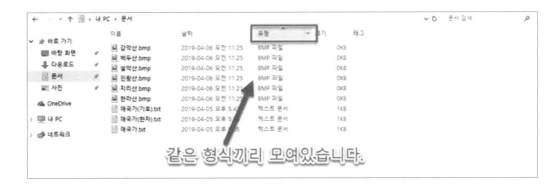

■ 폴더 옵션

01 파일 탐색기를 실행한 후 ❶보기 탭 메뉴의 리본메뉴에서 오른쪽 끝에 있는 ❷옵션을 클릭합니다.

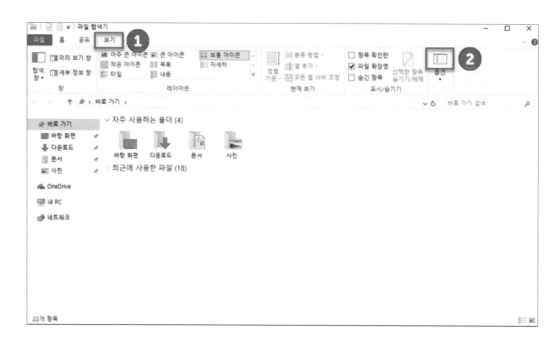

02 폴더옵션 창이 열리면 ❶한 번 클릭해서 열기(가리키면 선택됨)을 체크한 후 ❷확인을 클릭합니다.

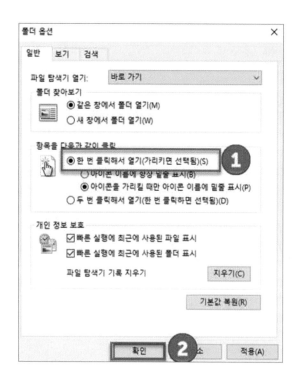

03 파일 탐색기 창의 내용 창에서 자주 사용하는 폴더에 마우스를 올려놓으면 마우스 포인터가 **손가락 모양**으로 되고 아이콘에 밑줄이 그어집니다.

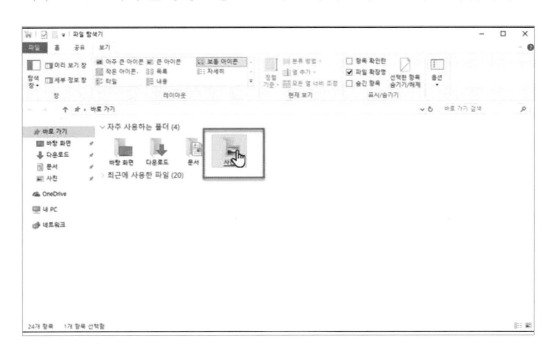

04 원래 상태로 되돌리기 위해 폴더 옵션 창에서 **두 번 클릭해서 열기(한번 클릭하면 선택 됨)**을 체크하고 확인을 클릭합니다.

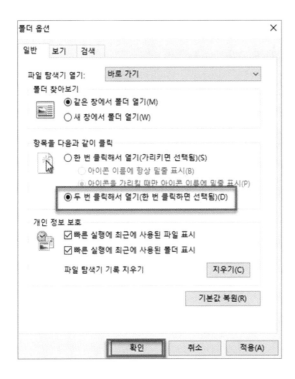

■ 휴지통 사용하기

01 파일 탐색기를 실행한 후 좌측 탐색 창에서 문서 폴더를 클릭하면 우측 내용
창에 작업했던 그 동안 작업했던 파일들이 보입니다.

02 삭제할 파일에 마우스를 올려 놓은 후 ❶마우스 오른쪽 단추를 클릭한 후 ❷
삭제를 클릭합니다. 삭제된 파일은 바탕화면의 휴지통으로 이동되어 임시로
버려지게 됩니다. 파일 탐색기의 창을 닫습니다.

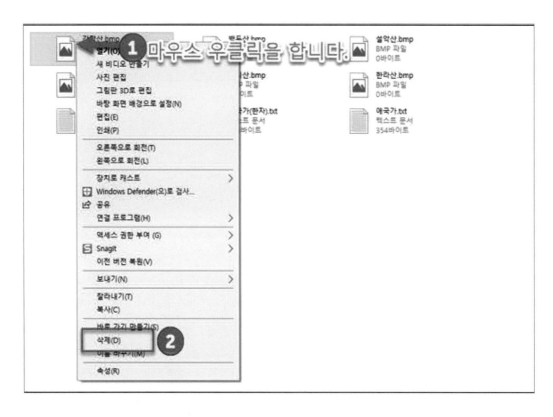

03 바탕화면에서 휴지통에 종이가 쌓인 것이 보입니다. **휴지통** 아이콘을 더블클릭하면 내용 창에 삭제된 파일이 보이게 됩니다.

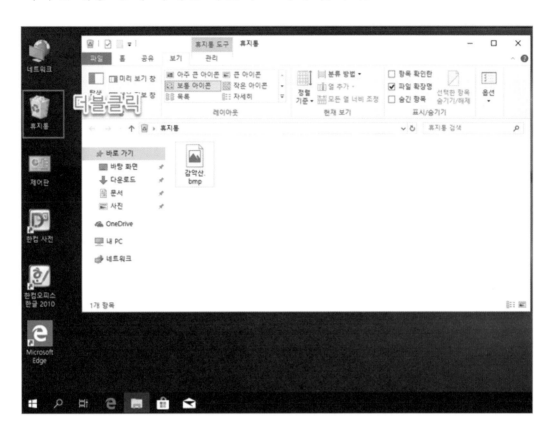

04 여기서 알아야 할 것은 휴지통을 들여다 보는 것도 **파일 탐색기**가 실행되어서 보여주고 있다는 것입니다. 바탕 화면에 있는 내 PC를 더블 클릭해서 열어준 후 주소표시줄에 아래를 참고해서 클릭합니다.

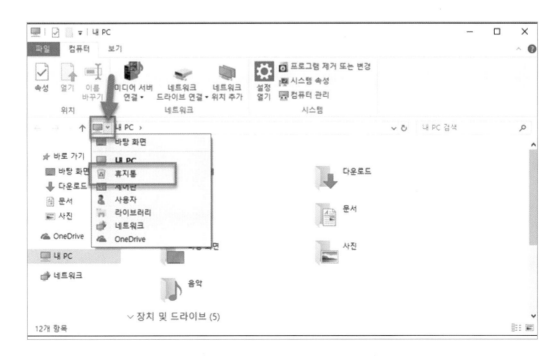

■ 휴지통에서 복원하기

01 휴지통의 파일을 다시 복원하면 원래의 위치에 되돌아가서 존재하게 됩니다. ❶복원할 파일을 클릭한 후 관리 탭의 복원 그룹에서 ❷선택한 항목 복원을 클릭합니다. (복원할 파일에 마우스 오른쪽 단추를 클릭해서 복원할 수도 있습니다)

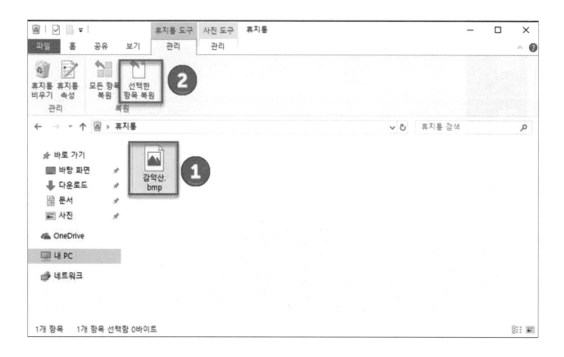

02 삭제하기 전 파일의 위치인 탐색 창의 문서 폴더를 클릭하면 우측 내용 창에 복원된 파일이 다시 나타나게 됩니다.

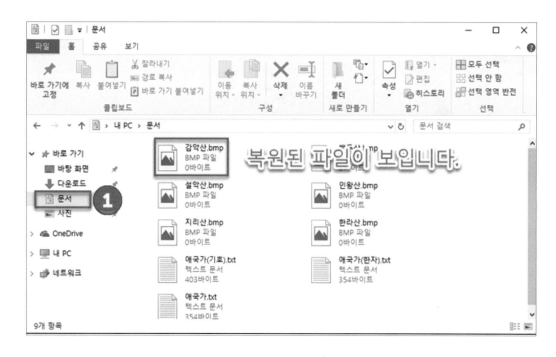

■ 휴지통 비우기

01 먼저 파일 탐색기 – 문서 폴더에서 **감악산, 설악산, 백두산**을 삭제합니다.

02 바탕화면에서 휴지통에 마우스 오른쪽 단추를 클릭해서 **휴지통 비우기**를 선택합니다. (휴지통을 열어서 휴지통 비우기를 할 수도 있지만 어차피 비울 것이므로 굳이 열어서 할 필요는 없습니다)

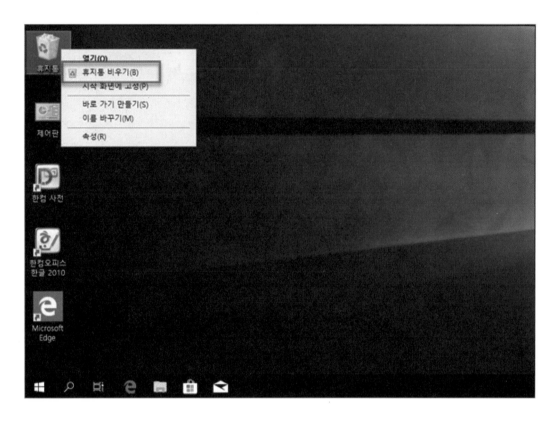

03 파일 삭제 창에서 **예(Y)**를 클릭하면 파일이 완전히 삭제됩니다.

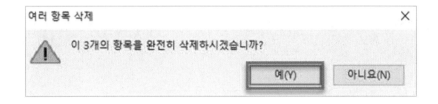

04 휴지통 아이콘이 종이가 들어있는 상태에서 종이가 없는 비어있는 휴지통으로 변경됩니다.

■ 바탕화면에 폴더 만들기

01 바탕 화면에서 마우스 오른쪽 단추를 클릭합니다. 바로가기 메뉴(정황메뉴)에서 새로 만들기 - 폴더를 차례대로 클릭합니다.

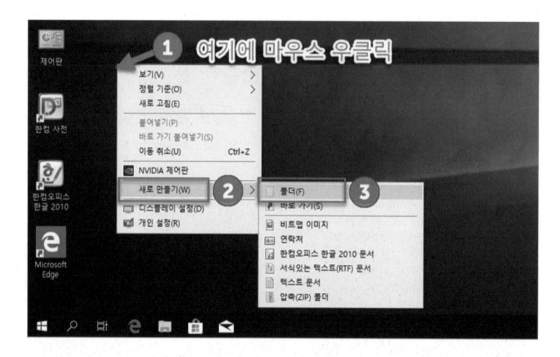

02 새 폴더가 생성되고 폴더 이름을 입력하라는 상태가 되는데 블록으로 된 글자를 지우고(곧 바로 글자를 입력해도 지워지고 써짐) 폴더 이름에 스포츠를 입력한 후 Enter 를 누릅니다.

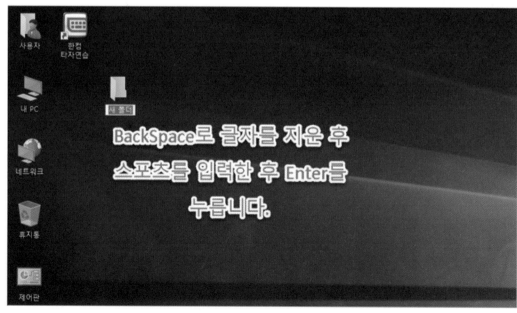

■ 폴더 속에 폴더 만들기

01 파일 탐색기를 실행한 후 탐색 창에서 **사진** 폴더를 클릭합니다.

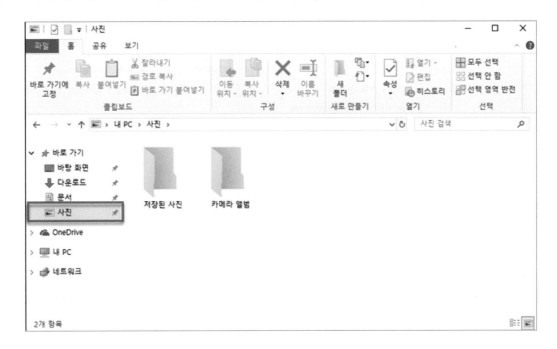

02 ❶홈 탭에서 새로 만들기 그룹의 ❷새 폴더를 클릭해서 폴더 이름을 ❸여행사진이라고 입력한 후 Enter 를 누릅니다.

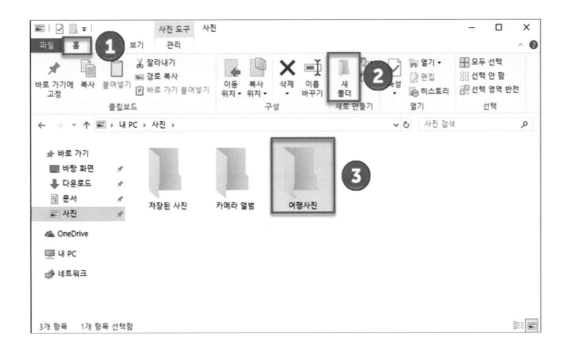

03 방금 만들어진 **여행사진** 폴더를 더블클릭해서 폴더를 열어보면 아무것도 내용 창에 나오는 것이 없습니다.

04 리본 메뉴에서 **새 폴더**를 클릭해 국내여행, 해외여행 폴더를 만들어 줍니다.

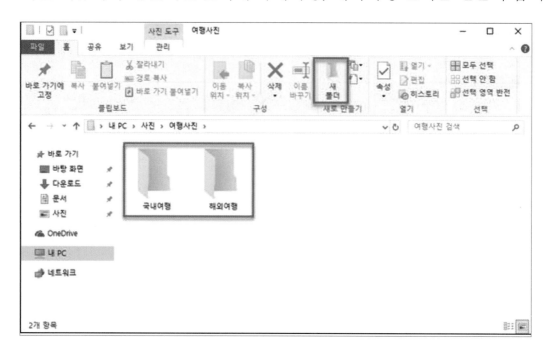

05 동일한 방법으로 아래와 같이 폴더 6개를 만들어 줍니다. (**강원도, 다낭, 발리, 세부, 울릉도, 제주도**)

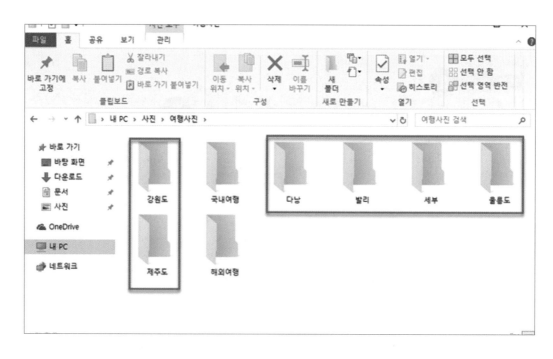

■ 폴더 이동하기

01 국내에 해당하는 **강원도, 울릉도, 제주도**는 **국내여행** 폴더로 하나씩 드래그해서 이동을 합니다.

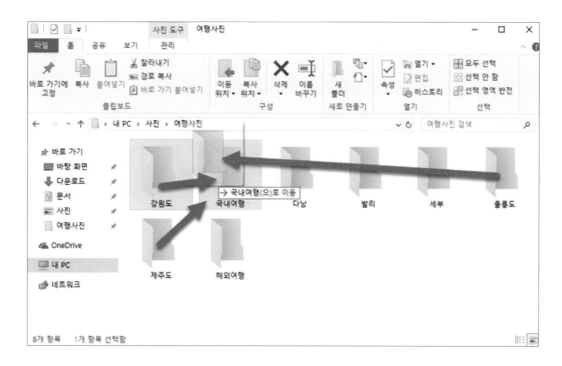

02 **다낭, 발리, 세부** 폴더는 **해외여행** 폴더로 하나씩 드래그해서 이동을 해 줍니다.

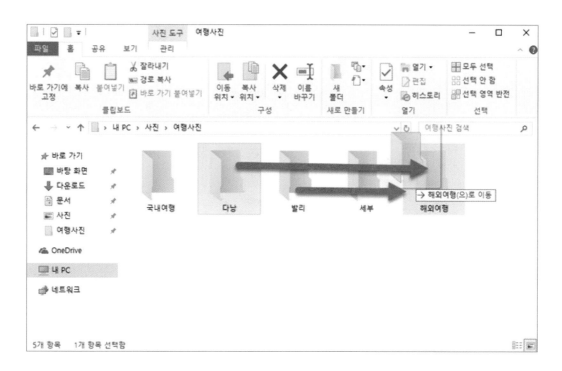

03 해외여행 폴더를 더블클릭해서 폴더를 열어본 후 **새 폴더**를 눌러서 **경기도** 폴더를 만들어줍니다.

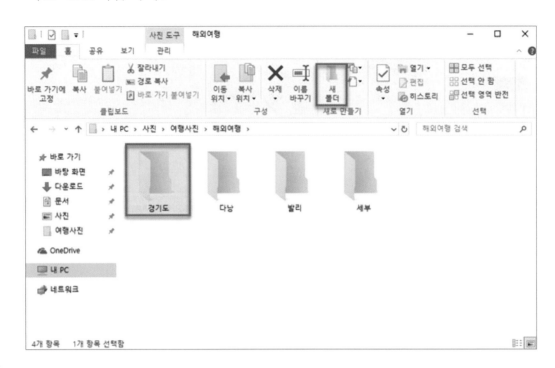

04 **경기도**는 **국내여행** 폴더에 만들어야 하는데 **해외여행** 폴더에 만들어서 잘못된 위치에 있습니다. 이럴 경우에는 드래그해서 이동을 할 수 없으므로 이동할 폴더인 ❶**경기도**를 클릭한 후 리본메뉴에서 ❷**잘라내기**를 클릭합니다.

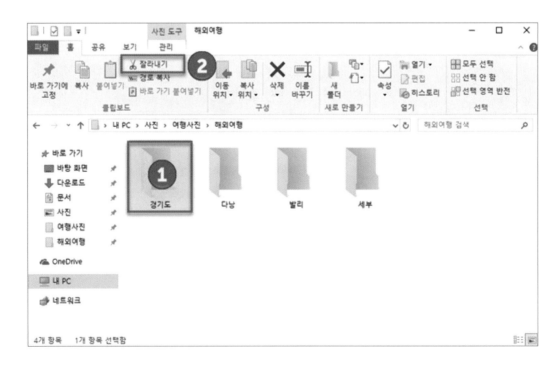

05 탐색 창에서 ❸여행사진 폴더를 클릭한 후 내용 창에서 ❹국내여행을 더블클릭을 해서 폴더를 열어봅니다.

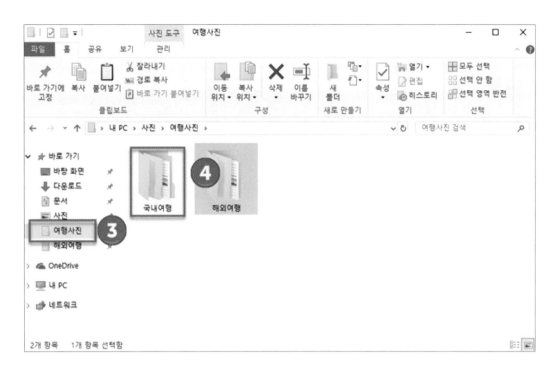

06 리본메뉴에서 클립보드 그룹에 있는 ❺붙여넣기를 클릭하면 잘라내기했던 경기도 폴더가 **국내여행** 폴더에 나타나게 됩니다. 이렇게 마우스로 드래그해서 이동할 때는 옮겨갈 폴더와 옮겨갈 폴더가 동시에 보여야 하지만, 그렇지 않을 경우에는 잘라내기와 붙여넣기 기능을 사용해야 합니다.

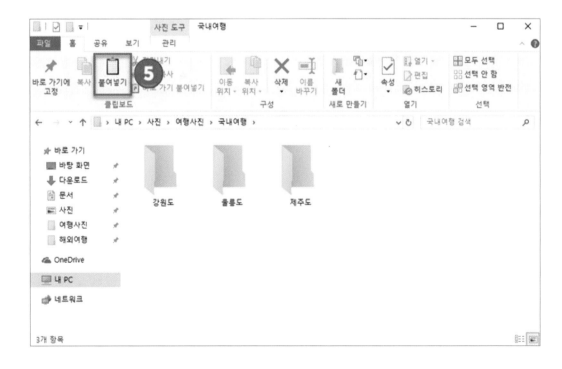

■ 이동위치 기능 사용하기

01 파일 탐색기를 실행한 후 탐색 창에서 **사진** 폴더를 선택한 후 **여행사진** 폴더를 더블클릭한 후 **국내여행** 폴더를 더블클릭합니다.

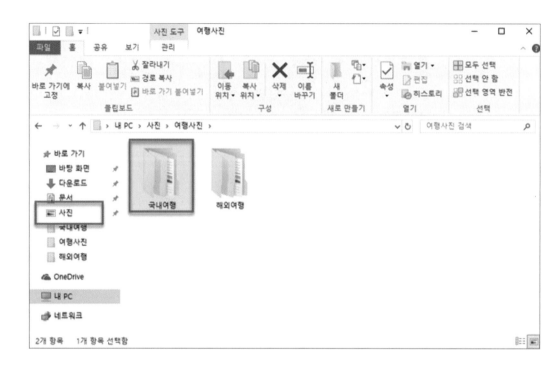

02 ❶**보기** 탭을 클릭한 후 표시/숨기기 그룹에서 ❷**항목 확인란**을 체크하게 되면 내용 창에서 여러 개를 선택하기가 편리합니다. ❸**강원도, 울릉도, 제주도 옵션버튼**을 클릭해서 선택합니다.

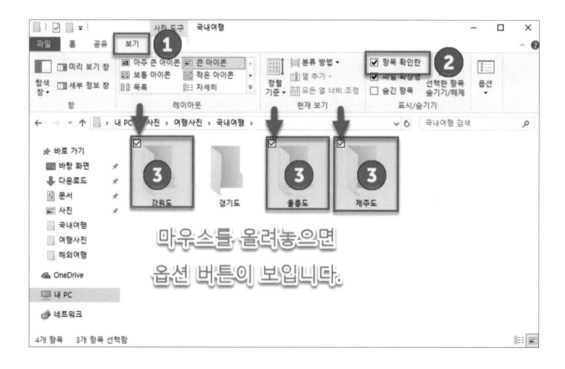

03 ❶홈 탭을 클릭한 후 리본메뉴에서 ❷이동위치 드롭다운 버튼을 클릭한 후
❸해외여행을 클릭합니다.

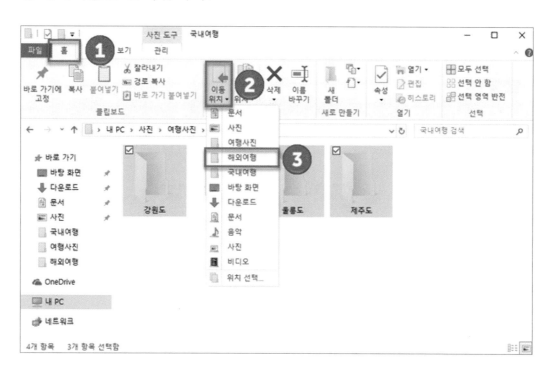

04 탐색 창에서 사진 폴더 하위 폴더인 **해외여행** 폴더를 클릭하면 국내여행에
있던 폴더들이 이동되어 있습니다.

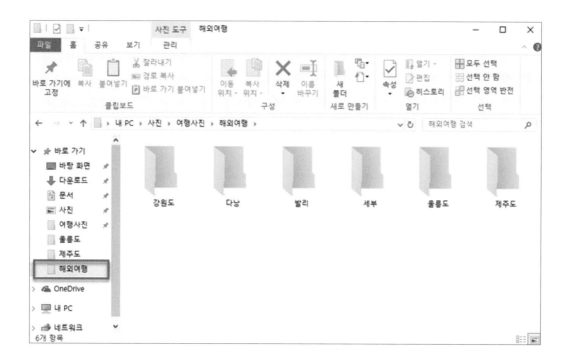

05 강원도, 울릉도, 제주도를 다시 **국내여행** 폴더로 이동시켜줍니다.

■ 파일/폴더 복사하기

01 복사할 파일을 선택하기 위해 **파일 탐색기**를 실행한 후 **문서** 폴더를 선택합니다.

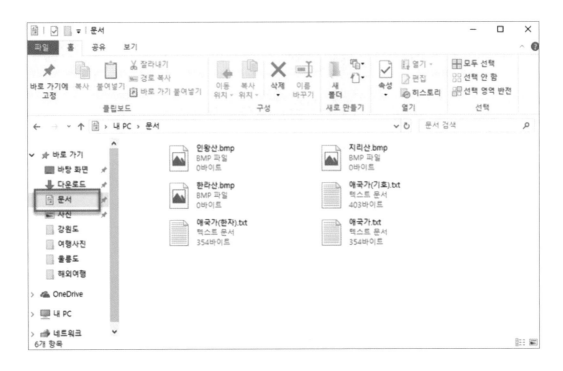

02 **홈** 탭에서 선택 그룹에 있는 **모두 선택**을 클릭하면 문서 폴더 안에 있는 모든 파일과 폴더가 선택이 됩니다.

03 구성 그룹에서 ❶복사위치를 클릭한 후 ❷위치 선택을 클릭합니다.

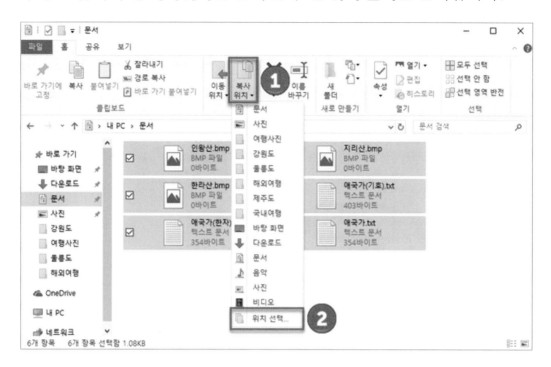

04 ❶바탕화면을 선택한 후 ❷새 폴더 만들기 버튼을 클릭해서 폴더를 만들어준 후 ❸복사 버튼을 클릭합니다.

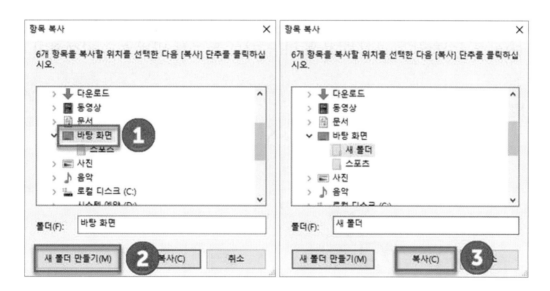

■ 파일/폴더 이름 바꾸기

01　파일 탐색기의 탐색 창에서 **❶바탕 화면**을 클릭한 후 이름을 바꿀 폴더인 **❷**
　　　 새 폴더를 선택한 후 리본메뉴의 구성그룹에서 **❸이름 바꾸기**를 클릭합니다.

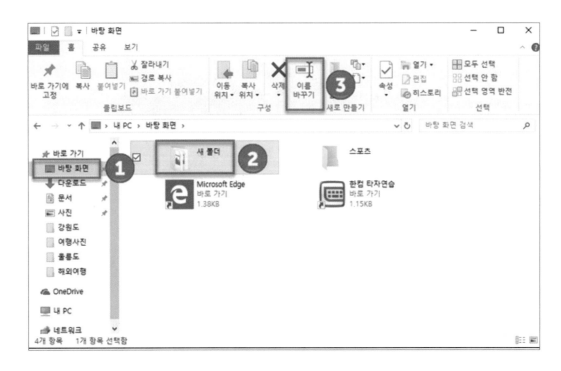

02　바꾸고자 하는 폴더 이름을 입력하는데 여기서는 **복사연습**을 입력한 후
　　　 Enter 를 누릅니다. 파일 이름을 바꿀 때도 동일한 방법으로 진행하면 됩니다.

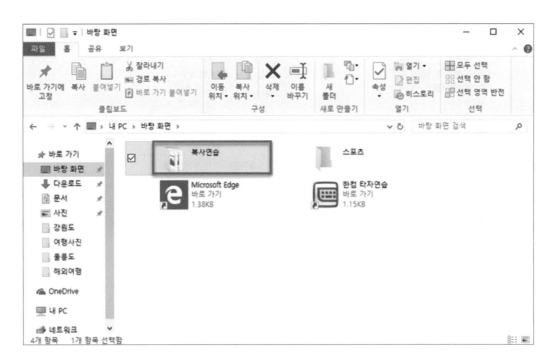

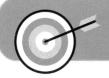

혼자 해 보기

① 휴지통의 속성에서 파일이나 폴더를 삭제하면 묻지 않고 바로 삭제할 수 있도록 설정해 보세요.

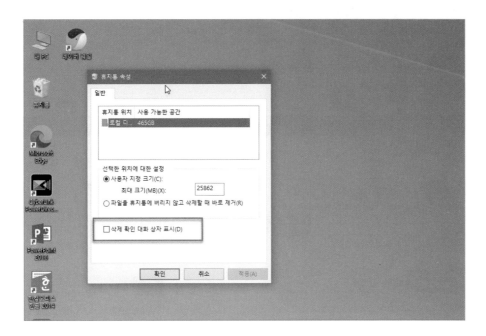

② **서울특별시** 폴더를 바탕화면에 만들고 난 후 25개 행정구청 폴더를 만들어 보세요.

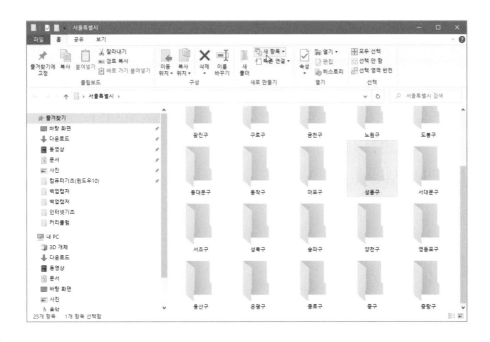

Chapter 05

엣지로 인터넷 여행하기

05-1 ··· 엣지 구성 살펴보기

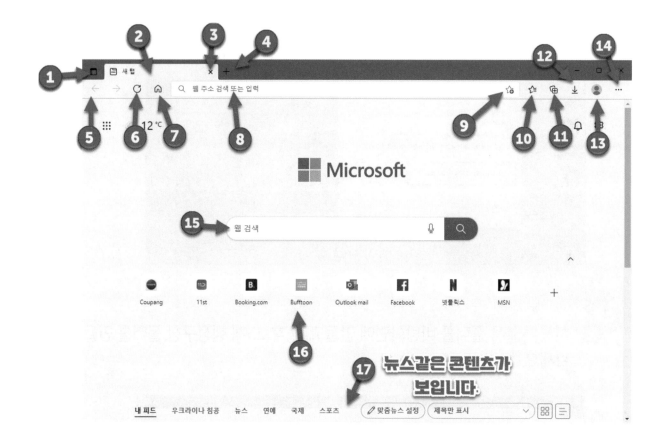

❶ **탭 작업메뉴** : 펼쳐진 탭을 가로/세로 전환 또는 탭 관리를 합니다.

❷ **새 탭** : 현재 탭 페이지 버튼입니다.

❸ **탭 닫기** : 지금 보이는 탭을 닫아줍니다.

❹ **새 탭 만들기** : 기존 탭을 두고 새로운 탭을 만들어줍니다.

❺ **뒤로/앞으로** : 현재 화면의 이전/다음 화면으로 이동합니다.

❻ **새로 고침** : 웹페이지의 화면을 서버의 원본에서 다시 불러옵니다.

❼ **홈** : 설정한 첫 화면을 이동합니다.

❽ **웹 주소 검색 또는 입력** : 웹 주소나 원하는 검색어를 입력합니다.

⑨ 즐겨찾기 추가 : 현재 보이는 웹페이지를 즐겨찾기 합니다.

⑩ 즐겨찾기 : 추가된 즐겨찾기를 목록으로 보여줍니다.

⑪ 컬렉션 추가 : 콘텐츠를 브라우저에 바로 저장할 수 있습니다.

⑫ 다운로드 : 다운로드된 결과를 목록으로 보관하고 있습니다.

⑬ 계정 아이콘 : 마이크로소프트 프로필 버튼입니다.

⑭ 기타옵션 : 도구모음에 표시되지 않은 나머지를 메뉴로 보여줍니다.

⑮ 웹검색 : Bing 엔진으로 웹검색을 합니다.

⑯ 빠른연결 : 웹 사이트를 빠르게 이동할 수 있는 기능입니다.

01 바탕화면의 엣지를 더블클릭하거나, 작업표시줄 엣지를 클릭합니다.

02 **웹 주소 검색** 상자에 클릭한 후 naver.com을 입력하고 Enter 를 누릅니다.

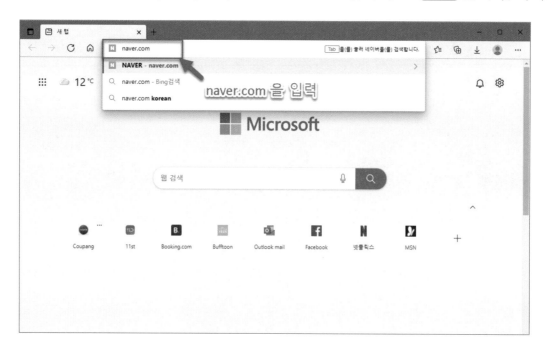

■ 정보 검색하기

01 웹 주소 검색 상자에 **고혈압**을 입력하고 Enter 를 누릅니다.

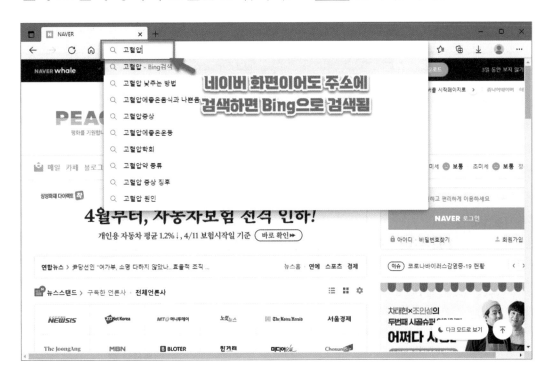

02 Bing으로 검색된 결과를 보여주며 검색된 내용의 **파란색** 글자를 **하이퍼텍스트**(링크)라고 부르며, 해당 하이퍼링크를 클릭하면 연결된 웹 페이지로 이동합니다.

■ 네이버에서 단어로 정보 검색하기

01 웹 주소 검색 상자에 naver.com을 입력하고 Enter 를 눌러서 네이버 홈페이지로 이동합니다.

02 네이버의 **검색창**을 클릭한 후 **고혈압**을 입력하고 Enter 를 누릅니다.

03 검색 결과에서 파워링크(광고)가 가장 먼저 나오는데 **❶기타옵션(더보기)**를
클릭한 후 **❷지식백과**를 클릭합니다. 군이 지식백과가 아니더라도 아래로 이
동하면 수 많은 정보가 보입니다.

04 지식백과에 많은 고혈압 내용이 보이는데 첫 번째 내용을 클릭해서 정보를
확인합니다.

05 새 탭에 고혈압에 관한 페이지가 열리는 것을 확인할 수 있습니다.

05 엣지 창을 종료합니다. 엣지를 종료할 때 **모든 탭을 닫을까요?**라는 대화상자가 나옵니다. **모두 닫기** 버튼을 클릭합니다.

■ 네이버에서 문장으로 정보 검색하기

01 작업표시줄에서 엣지를 실행한 후 네이버 홈페이지로 이동합니다. 네이버 검색상자에 닭볶음탕 만드는 법을 입력하고 Enter 를 누릅니다.

02 동일한 창에 검색된 결과가 나오는데 알맞은 검색 결과의 제목을 클릭합니다.

05-3 ··· 새 탭 사용하기

01 엣지를 실행한 후 오른쪽 상단의 ❶페이지 설정 버튼을 클릭한 후 ❷콘텐츠형을 선택합니다.

02 엣지 브라우저 상단의 새 탭을 클릭합니다.

03 새 탭이 열리면 주소표시줄에 naver.com을 입력한 후 Enter 를 눌러서 네이버로 이동해 봅니다.

04 키보드에서 Ctrl 키와 T 키를 동시에 눌렀다 떼면 새 탭이 열리게 됩니다. Ctrl 키를 누른 상태에서 T 키를 빨리 눌렀다 뗀 후 Ctrl 키에서 손을 뗍니다. 이렇게 단축키를 사용하면 편리할 때도 있습니다.

05 현재 열려있는 탭을 키보드를 이용해서 닫으려면 Ctrl + F4 키를 누르면 되고, 엣지 창을 닫으려면 Alt + F4 키를 누르면 닫히게 됩니다.

01 엣지를 실행한 후 새 탭을 추가하여 **웹 주소 검색 또는 입력** 상자에 google.com을 입력하고 Enter 를 눌러서 **구글 홈페이지**로 이동합니다.

02 엣지 브라우저의 왼쪽 상단에 있는 **탭 작업메뉴**를 클릭합니다.

03 탭 작업관리 메뉴가 열리면 **컬렉션에 모든 탭 추가**를 클릭해서 현재 펼쳐진 탭을 컬렉션에 추가합니다.

04 브라우저 오른쪽 상단의 도구모음에 컬렉션에 추가된 날짜가 표시된 것을 확인할 수 있습니다. 이 추가된 날짜 메시지는 잠깐 확인하라고 보여주는 것이므로 곧바로 사라지게 됩니다.

05 엣지 브라우저를 닫았다가, 다시 실행해 준 후 브라우저 도구모음의 **컬렉션** 버튼을 클릭하면 추가된 컬렉션이 보이다가 아래처럼 보이게 되는데 이때 **다음**을 3회 정도 클릭합니다.

06 처음 컬렉션을 실행하면 컬렉션이 무슨 작업을 하는지 안내창이 나오게 됩니다. 아래와 같이 마지막에 **괜찮습니다**를 클릭하면 마무리가 됩니다. 상황에 따라 메시지 창이 다르게 나올 수 있습니다.

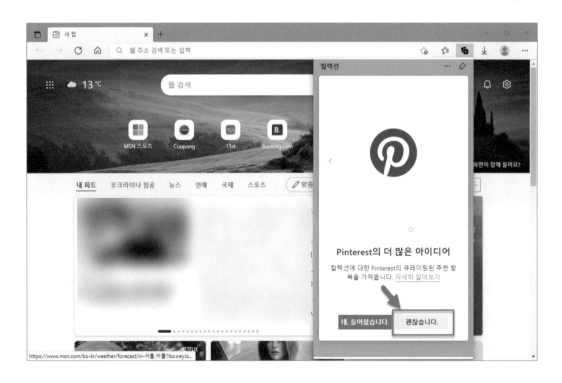

07 다음부터 컬렉션 버튼을 클릭하면 이 작업이 먼저 보이게 되므로, 다시 볼 경우는 여기서부터 진행하면 됩니다. 추가된 컬렉션이 1개가 있으므로 클릭해 봅니다.

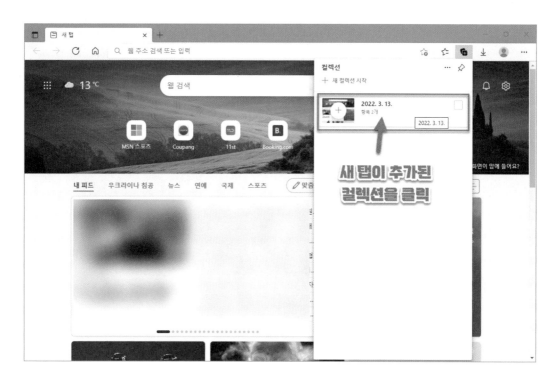

08 컬렉션에 추가된 것이 새탭과 구글이 보이게 되는데 원하는 것을 클릭하면 해당 주소로 이동됩니다. 즐겨찾기와 다른 것은 브라우저에 저장이 되므로 다른 장소에서도 사용할 수 있습니다.

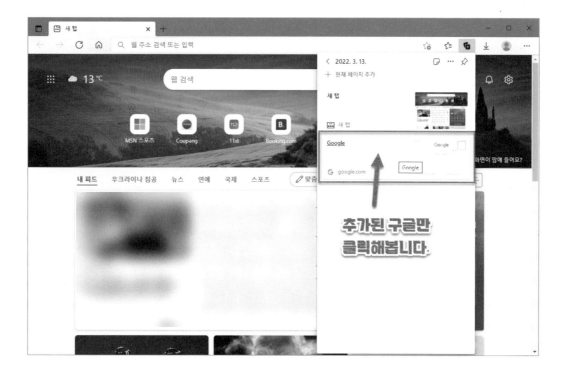

09 엣지 브라우저에 저장된 컬렉션을 제거하려면 먼저 **컬렉션** 버튼을 클릭한 후 나타나는 컬렉션 목록의 오른쪽에 있는 체크 박스를 클릭해 체크합니다.

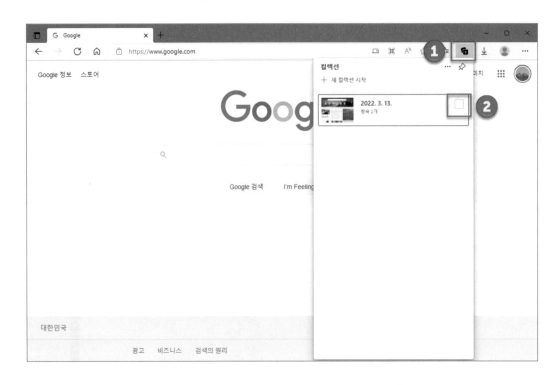

10 체크 박스에 선택을 하게 되면 상단에 **휴지통** 버튼이 보이게 되는데, 클릭해 서 제거를 하도록 합니다. 모든 컬렉션이 제거가 되면 컬렉션 첫 화면이 보이 게 됩니다.

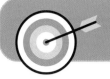
1️⃣ 엣지 브라우저를 실행한 후 새 탭을 단축키 Ctrl + T 키를 이용해 3개를 펼친 후 네이버, 구글, 다음 사이트로 이동해 보세요.

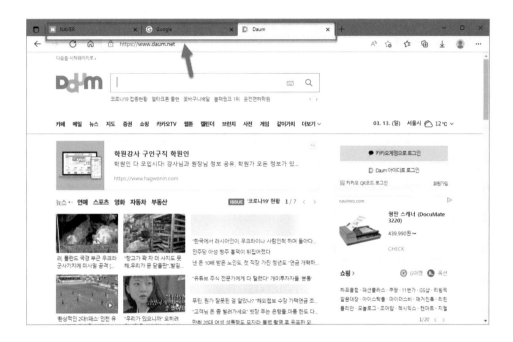

2️⃣ 엣지 브라우저를 실행한 후 네이버 사이트로 이동한 후 "고혈압"을 검색한 후 지식백과에서 페이지를 열어본 후 컬렉션 추가해 보세요.

엣지 설정하기

06-1 ··· 엣지 시작 페이지 변경하기

01 엣지 브라우저를 실행한 후 오른쪽 상단에 **기타옵션(더보기)** 버튼을 클릭합니다.

02 메뉴 목록에서 가장 아래에 있는 **설정** 메뉴를 클릭합니다.

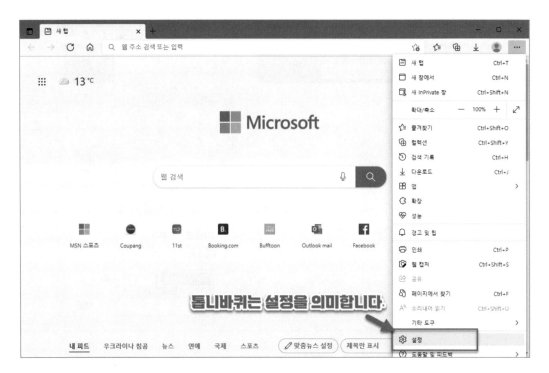

03 설정 탭이 열리면 왼쪽 분류 창에서 **시작, 홈 및 새 탭**을 클릭하면 오른쪽 내용 창에서 상세 작업을 진행하도록 합니다.

04 Edge가 시작되는 경우 3개의 선택사항이 나오는데 세 번째인 ❶**다음 페이지를 열 수 있습니다**의 선택 버튼에 클릭한 후 ❷**새 페이지 추가** 버튼을 클릭합니다.

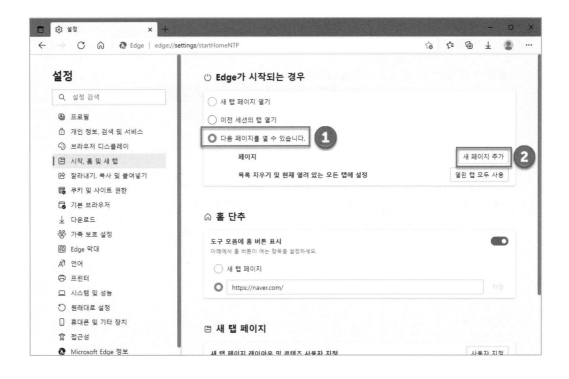

05 URL 입력하라는 상자에 https://naver.com을 입력한 후 Enter 를 누릅니다. (구글을 시작 페이지로 연결하려면 https://google.com을 입력하고 다음은 https://daum.net를 입력합니다)

06 엣지 브라우저의 탭이나 창을 닫은 후 다시 엣지 브라우저를 실행하게 되면 시작 페이지가 네이버로 열린 것을 확인합니다.

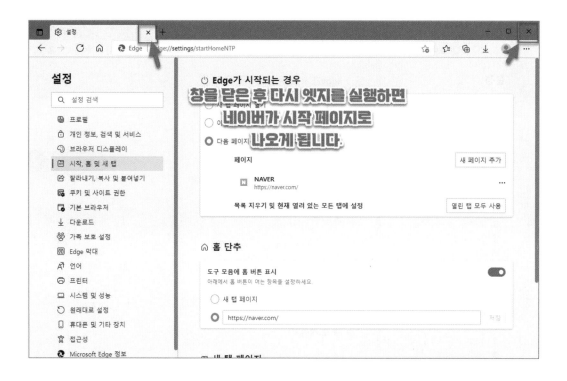

01 엣지를 실행한 후 홈 버튼을 클릭하게 되면 아래와 같은 새 탭 페이지가 열리는데, 홈 버튼을 누르면 네이버가 열리도록 **기타옵션(더보기)**을 클릭합니다.

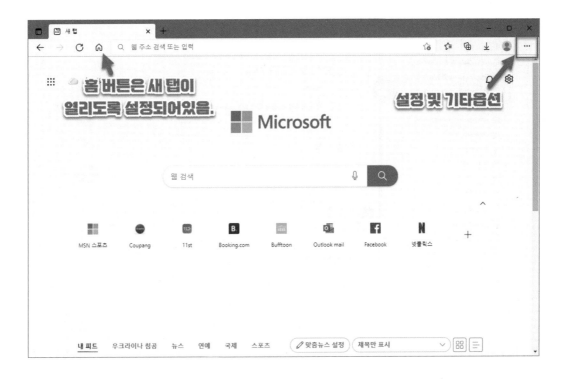

02 기타옵션 메뉴 목록에서 가장 아래에 있는 **설정** 메뉴를 클릭합니다.

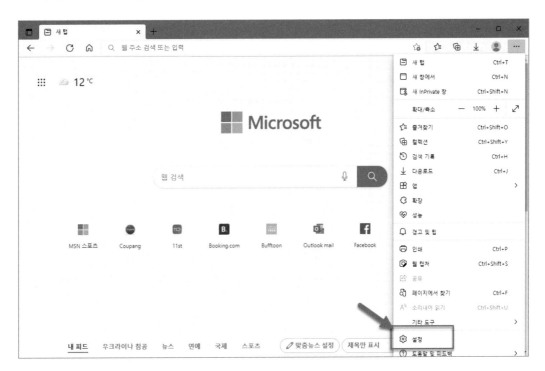

03 설정 창 왼쪽 분류 창에서 **시작, 홈 및 새 탭**을 클릭하면 오른쪽 내용 창에서 **도구 모음에 홈 버튼 표시**를 클릭해서 **활성화**한 후 URL입력할 수 있는 **선택 버튼**을 클릭합니다.

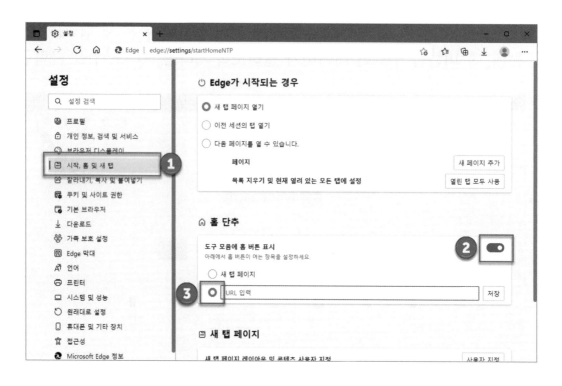

04 네이버 URL을 입력하는데 https://naver.com을 오타없이 그대로 입력하고 오른쪽에 있는 **저장** 버튼을 클릭해야만 설정 작업이 끝나게 됩니다.

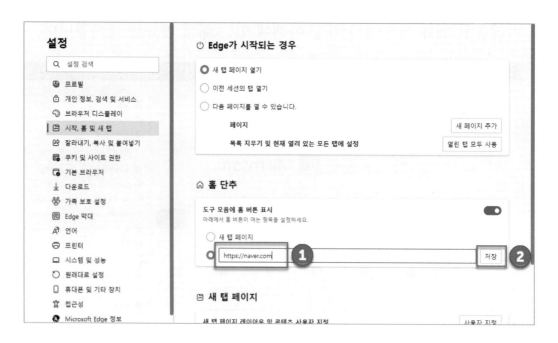

05 엣지 브라우저의 상단 도구 모음에 **홈 버튼**이 생성되었고 네이버로 설정되어 있으므로 클릭하면 곧바로 현재 탭에 네이버가 열리게 됩니다.

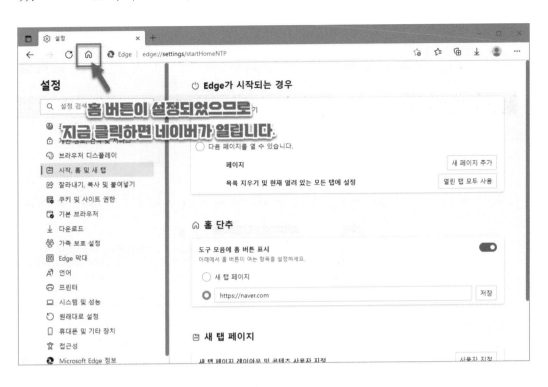

06 아래와 같이 네이버가 실행된 것을 확인할 수 있습니다. 엣지 브라우저의 시작 페이지와 홈 버튼을 설정하는 곳은 동일한 설정 창에서 작업을 할 수 있습니다.

01 엣지 브라우저를 실행해서 네이버 페이지를 열어준 후 **뉴스**를 클릭합니다.

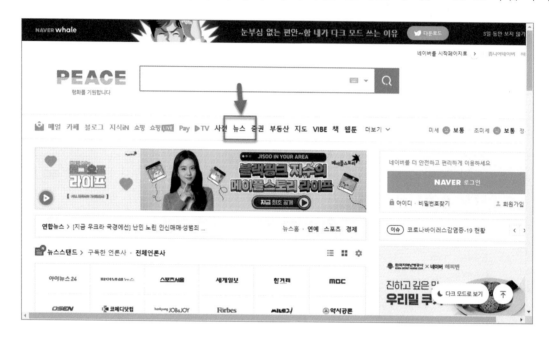

02 뉴스 홈페이지가 열리면 뉴스 카테고리에서 **IT/과학**을 선택합니다. .

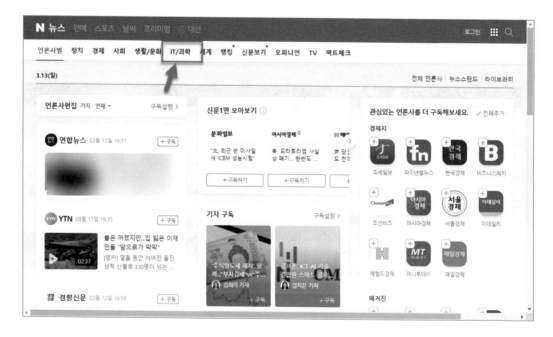

03 가장 위에 나온 헤드라인 뉴스기사 중에 하나를 클릭해서 열어줍니다. (당연히 날짜에 따라 뉴스 내용은 다릅니다)

04 네이버 뉴스가 아래와 같이 표시되면 주소표시줄 옆에 있는 **이 페이지 소리내어 읽기** 버튼을 클릭하면 스피커로 기사 내용을 처음부터 읽어주게 됩니다.

05 페이지 상단에 소리내어 읽기 플레이가 나타납니다. 기사 내용 중 읽을 부분을 마우스로 드래그하여 블록으로 설정하면 그 영역부터 읽어주게 됩니다.

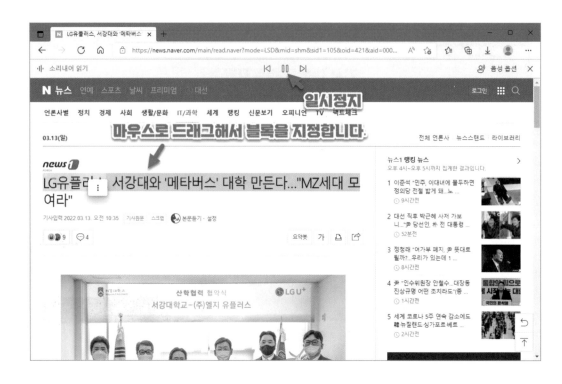

06 계속 듣고 있으면 다음 페이지가 자동으로 넘어가면서 읽어줍니다. 읽어주는 기능을 끝내려면 음성옵션 옆에 있는 X를 눌러서 끝내기를 합니다. **음성옵션**을 클릭해서 읽어주는 속도와 음성도 선택해 보세요.

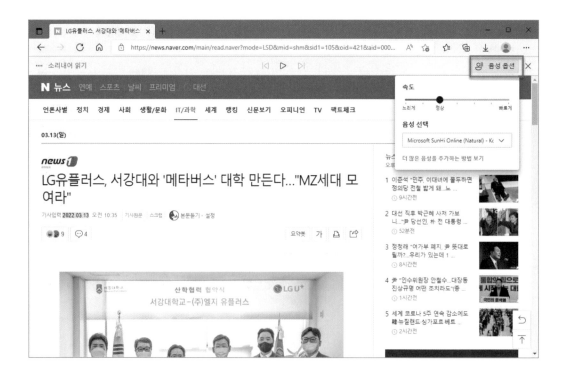

01 엣지 브라우저를 실행한 다음 **구글 홈페이지**로 이동한 후 오른쪽 상단의 **이미지**를 클릭합니다.

02 검색상자에 **컴퓨터 바탕화면 고화질**을 입력한 후 Enter 를 눌러서 아래와 같이 이미지를 검색합니다.

03 컴퓨터의 배경화면으로 사용할 멋진 이미지를 선택합니다. 아래와 같이 1920x1080을 선택하면 FHD 이미지가 검색되어 나타납니다. 배경화면으로 사용할 사진을 클릭합니다.

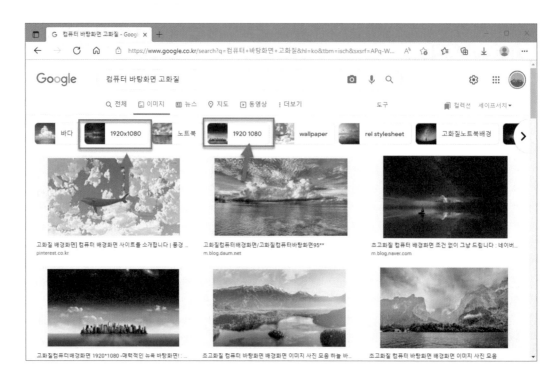

04 선택한 이미지가 크게 나오면 이미지 위에 마우스를 올려놓은 상태에서 **마우스 오른쪽 단추를 클릭**한 후 **다른 이름으로 사진 저장**을 클릭합니다.

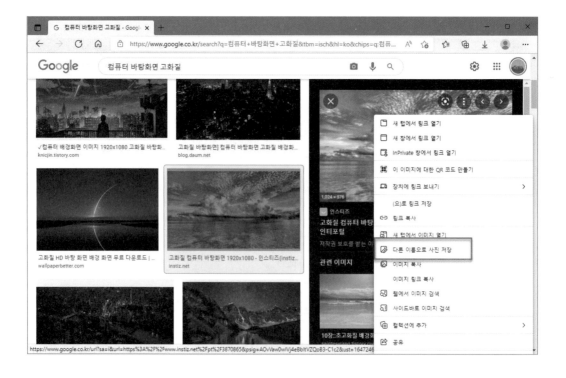

05 저장할 위치는 **❶사진 폴더**를 선택하고 파일 이름은 **❷배경화면1**을 입력한 후 **❸저장**을 클릭합니다.

06 다른 이름으로 사진 저장을 다운로드라고 부르기도 합니다. **다운로드** 버튼을 클릭해서 확인해 보면 실패한 것들도 나오는데 클릭해서 **휴지통** 버튼을 누르면 삭제가 됩니다. 다시 다운로드 버튼을 누르면 목록이 사라지게 됩니다.

07 작업표시줄에서 **❶파일 탐색기**를 실행한 후 탐색 창에서 **❷사진 라이브러리**를 선택합니다.

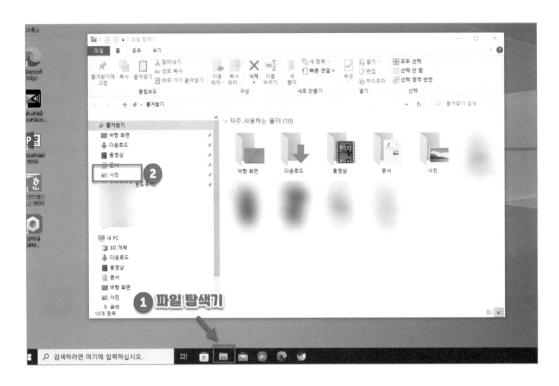

08 내용 창에 엣지에서 저장했던 이미지가 보이면 **마우스 오른쪽 단추**를 클릭한 후 **바탕 화면 배경으로 설정**을 클릭합니다. 파일 탐색기 창을 닫으면 배경화면이 선택한 그림으로 적용된 것을 확인할 수 있습니다.

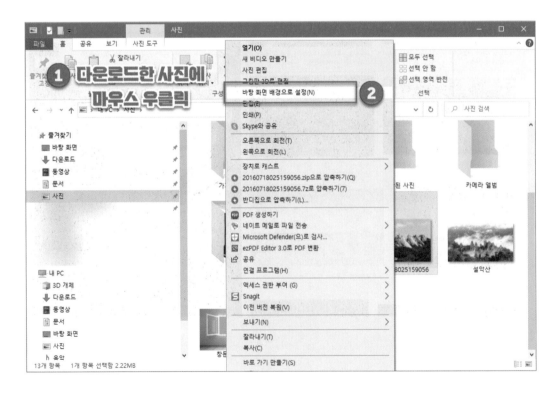

① 엣지 브라우저의 시작 페이지를 https://google.com로 설정해보세요.

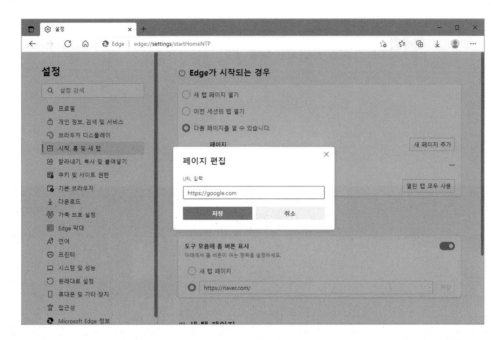

② 엣지 브라우저의 도구에 있는 홈 버튼에 네이버를 설정해 보세요.

윈도우 앱 사용하기

07-1 ··· 워드패드 사용하기

01 검색 상자(돋보기)에 워드패드를 입력한 후 워드패드를 실행합니다.

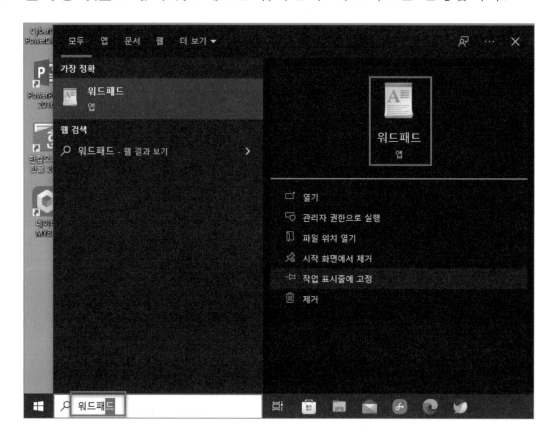

02 다음과 같은 내용을 입력해서 문서를 작성합니다.

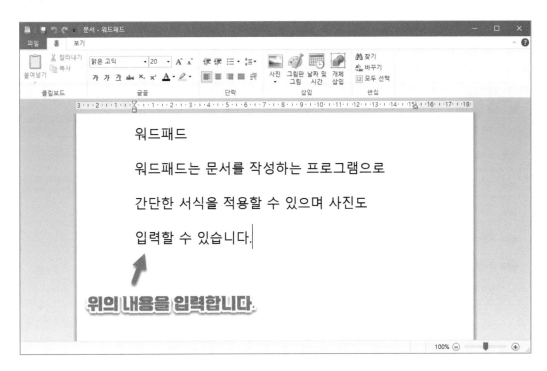

03 첫 번째 줄을 ❶마우스로 드래그해서 블록으로 지정한 후 ❷양재백두체B와 글자크기는 24로 지정한 후 ❸글자색은 빨간색으로 설정합니다.

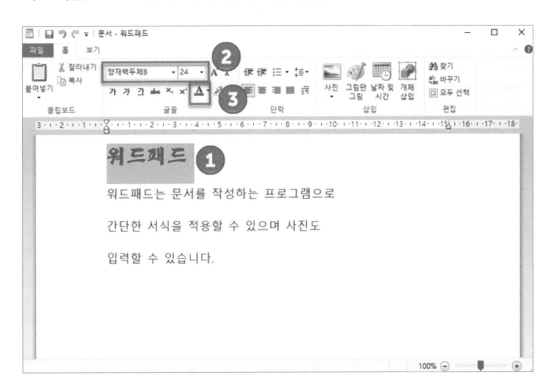

04 ❶**파일** 탭을 클릭한 후 ❷**저장**을 눌러서 문서를 저장합니다. 앞으로 기억해 둘 사항으로 파일 메뉴가 있으면 저장할 수도 불러올 수도 있다는 것이고 파일 메뉴가 없으면 저장 자체가 될 수 없습니다.

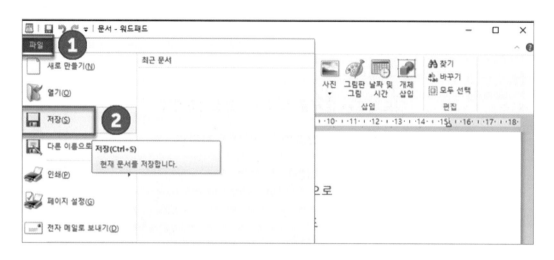

05 다른 이름으로 저장 대화상자가 나오면 저장할 장소를 탐색 창에서 ❶**문서 폴더**를 선택한 후 파일 이름은 ❷**워드패드**를 입력한 후 ❸**저장 버튼**을 클릭합니다.

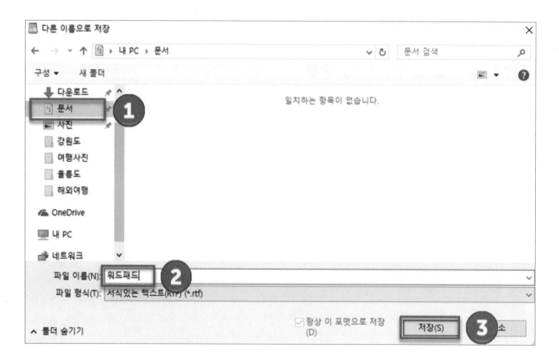

06 **파일 탐색기**를 실행한 후 저장된 파일을 확인해 보세요.

07-2 ··· 스티커 메모 사용하기

01 **시작** 버튼을 클릭한 후 앱 목록에서 **스티커 메모**를 찾아서 클릭합니다. 이런 방식으로 찾기가 쉽지가 않기 때문에 검색상자에서 **스티커 메모**를 입력하면 빨리 실행할 수 있습니다.

02 바탕 화면에 **스티커 메모**가 처음 실행되면 로그인 화면이 나오는데 아직 계정을 만들지 않았기 때문에 **나중에**를 클릭합니다. 간단한 메모를 입력한 후 ··· **(더보기)**를 클릭합니다.

03 원하는 스티커의 색상을 클릭해서 변경해 봅니다. 변경할 색상을 클릭하면 색상 고르는 화면이 사라집니다.

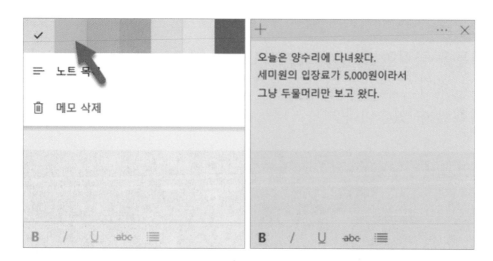

04 스티커 메모를 **닫기**를 누르면 완전히 삭제되던 윈도우7과는 다르게 노트 목록이 있어서 다시 열어볼 수 있습니다.

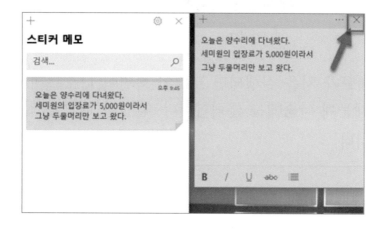

05 좌측에 있는 흰 색창의 노트 목록창에서 **스티커 메모를 더블클릭**해서 다시 열어볼 수 있습니다.

01 작업표시줄 검색 상자에 **그림판**을 검색해서 실행합니다.

02 도구 상자에 **브러시**가 선택되어 있는 상태에서 흰색 도화지에 아래처럼 드래
그를 해서 숫자를 그려줍니다.

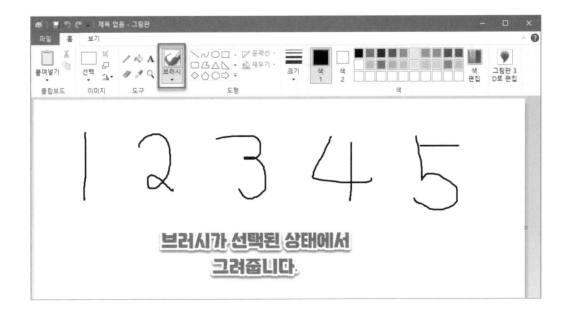

03 도구상자에서 ❶선택을 클릭한 후 도화지에 그려진 숫자 1을 아래처럼 ❷대각으로 드래그해서 선택합니다.

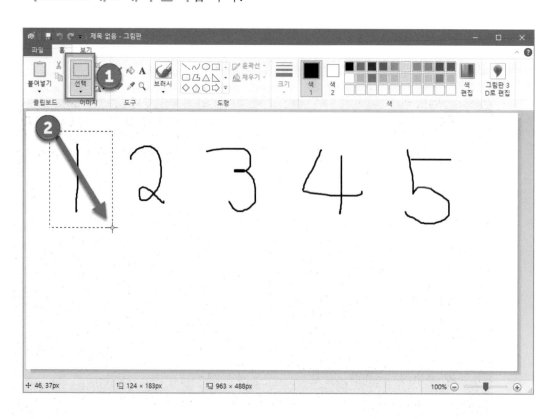

04 선택된 영역에 마우스를 올려 놓으면 상하좌우 화살표로 변경되는데 드래그를 하면 이동이 된다는 의미로, **숫자 2 아래로 드래그**합니다.

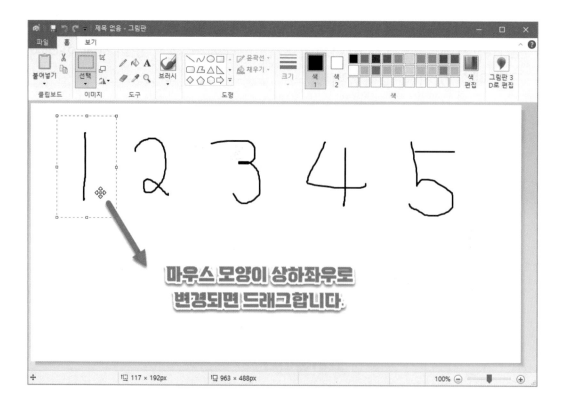

05 아래와 같이 ❶3을 선택한 후 도구상자의 ❷회전과 대칭을 클릭한 후 ❸가로 대칭 이동을 클릭합니다.

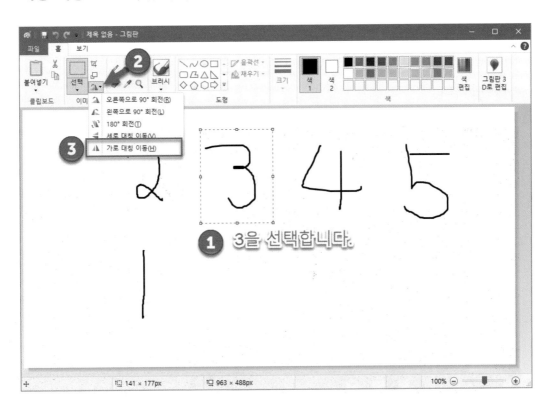

06 아래와 같이 선택된 숫자 3을 그려놓은 것이 좌우 대칭으로 변경된 것을 확인할 수 있습니다. 저장하지 않고 **닫기**로 그림판을 끝냅니다.

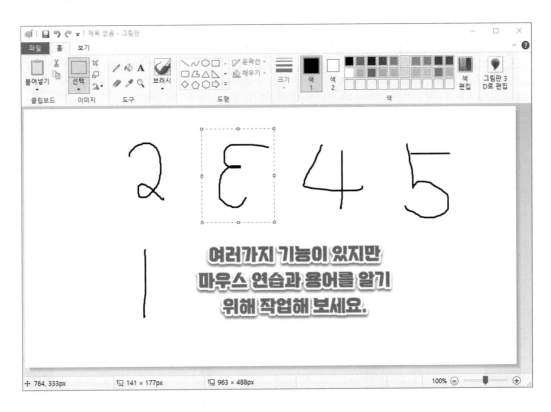

01 그림판 3D를 실행하려면 **시작** 버튼을 클릭한 후 앱 목록에서 **그림판 3D**를 선택합니다.

02 다차원 그림을 그리기 위해서 그림판 3D의 시작 화면이 나타나면 **새로 만들기**를 클릭합니다.

03 그림판 3D가 실행되면 ❶3D 라이브러리를 클릭해서 ❷Browse 단추를 선택한 다음 ❸공룡을 선택합니다.

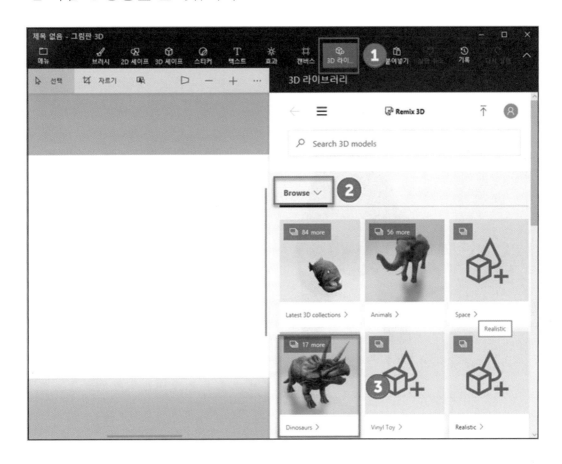

04 공룡 목록이 나타나면 Tyrannosaurus를 클릭합니다.

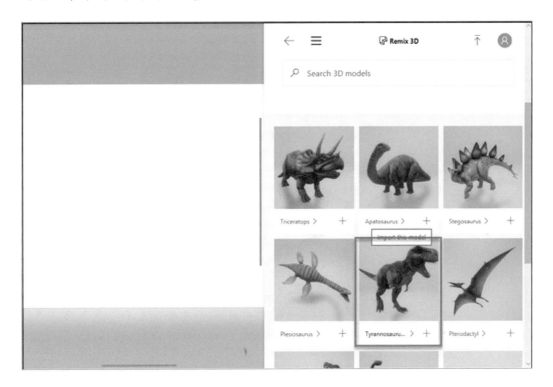

05 티라노사우루스가 삽입되면 작업화면 보다 크게 보이므로 **줌아웃으로 화면을 축소**해 줍니다.

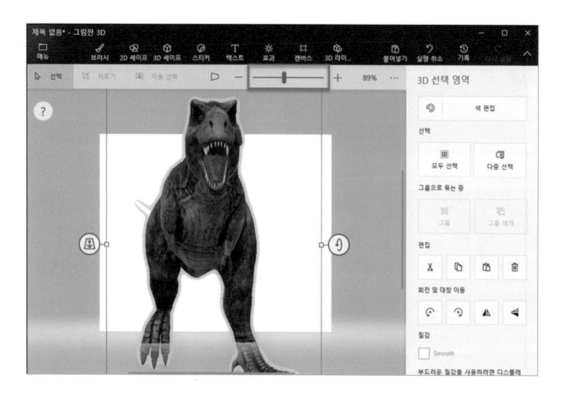

06 스테이지에 맞게 작업 대상의 **크기를 조정**한 후 티라노사우루스를 화면 **중앙에 위치**시킵니다.

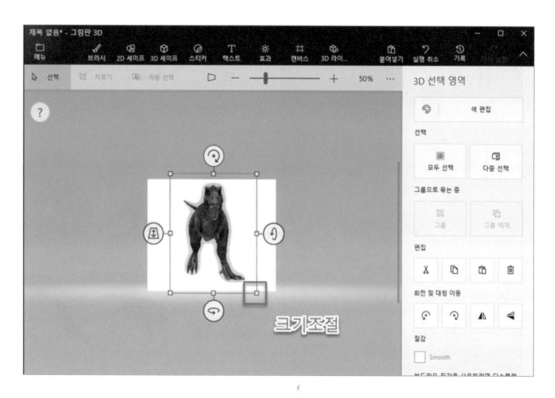

07 티라노사우루스 3D 모델을 회전하거나 앞쪽으로 가져오거나 뒤쪽으로 보내기 위해 버튼을 눌러서 조정합니다.

08 동일한 방법으로 다른 공룡을 하나 더 가져오기한 후 **뒤로 보내기**를 이용해서 아래와 같이 배치시켜줍니다.

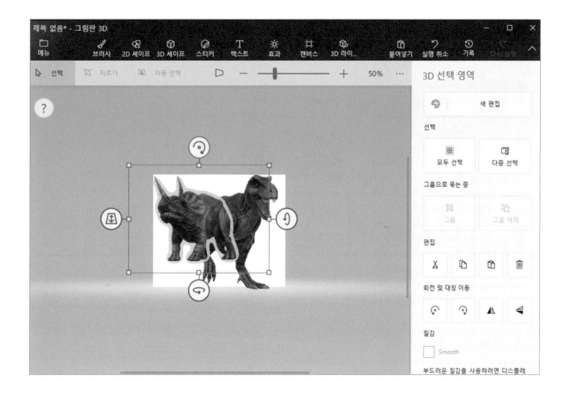

09 그림판 3D 프로젝트로 저장하기 위해 **메뉴**를 클릭합니다.

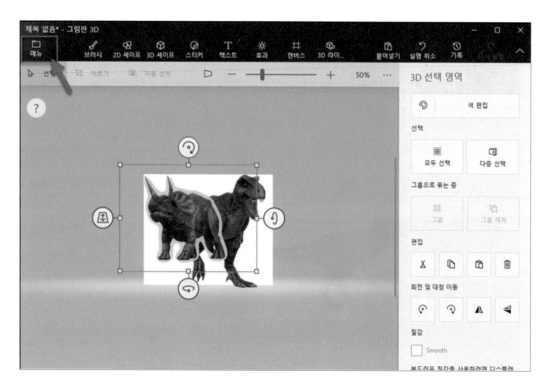

10 다른 이름으로 저장을 클릭한 후 그림판 3D 프로젝트로 저장을 클릭합니다.

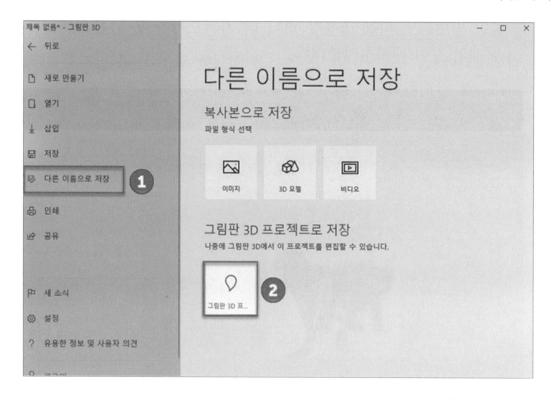

11 프로젝트 이름 지정 대화상자에서 프로젝트 이름으로 **쥬라기공원**을 입력하고 **그림판 3D에 저장** 버튼을 클릭합니다.

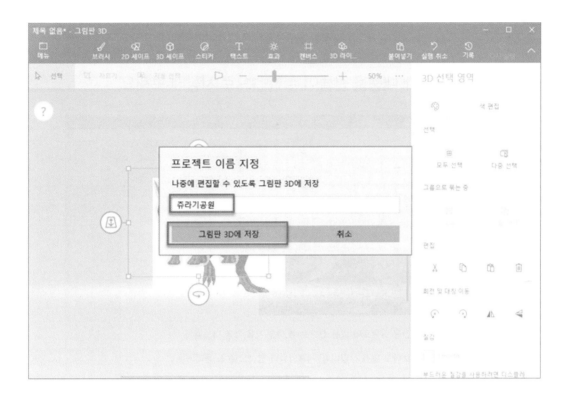

12 **메뉴**를 클릭한 후 **다른 이름으로 저장**에서 **이미지**를 클릭해서 저장을 하게 되면 다른 프로그램에서 사용할 수 있게 됩니다.

① 워드패드로 아래 내용을 만들어 **설악산**으로 저장해 보세요.

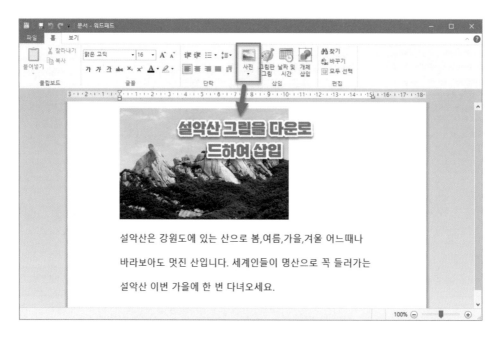

② **그림판**을 실행하여 그림과 도형으로 다음과 같이 만들어 보세요.

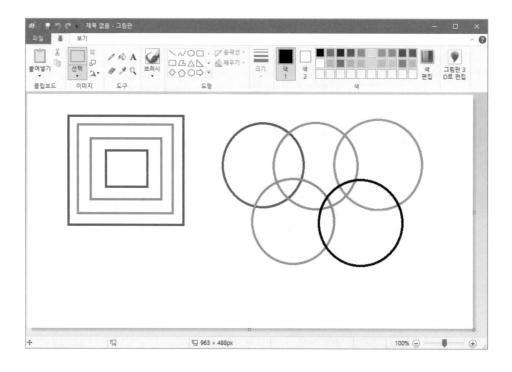

Chapter

08 앱 사용하기

08-1 ··· 계정 만들기

01 ❶시작 버튼을 클릭한 후 ❷설정을 클릭합니다.

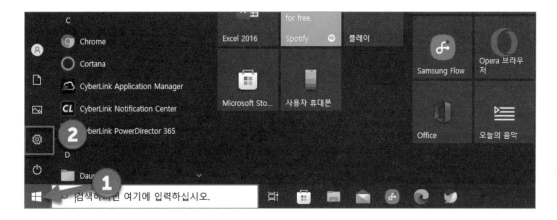

02 Windows 설정 창이 열리면 **계정**을 클릭합니다.

03 계정 창이 열리면 왼쪽 창에서 ❶이메일 및 앱 계정을 클릭한 후 오른쪽 창에서 ❷계정 추가를 클릭합니다.

04 계정 추가 대화상자가 열리면 Outlook.com을 클릭합니다.

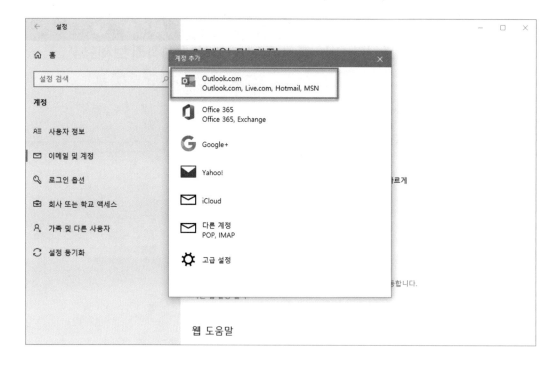

05 Microsoft 로그인 화면이 열리면 계정을 입력하면 되는데, 우리는 회원가입이 목적이므로 **계정을 만드세요**를 클릭합니다.

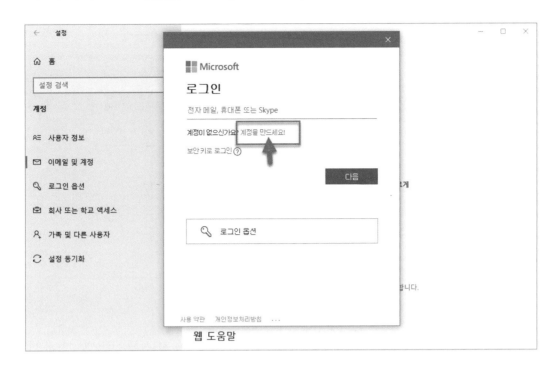

06 약관에 동의함 대화상자에서 체크를 클릭하는 것이 아니라, **자세히**를 클릭해야 합니다.

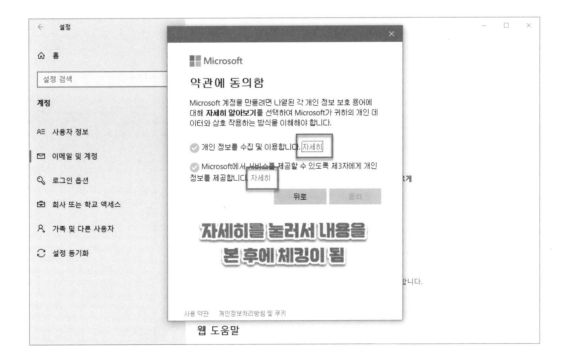

07 개인정보의 수집 및 이용에 관한 대화상자가 열리는데 읽지 않아도 됩니다. **뒤로**를 눌러서 되돌아갑니다.

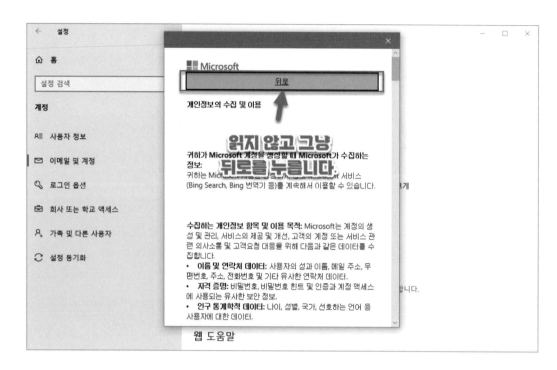

08 제3자에게 개인정보를 제공합니다에 있는 **자세히**를 클릭한 후 **뒤로**를 클릭하면 하단에 동의 버튼이 활성화됩니다. **동의**를 클릭해서 다음 화면으로 이동합니다.

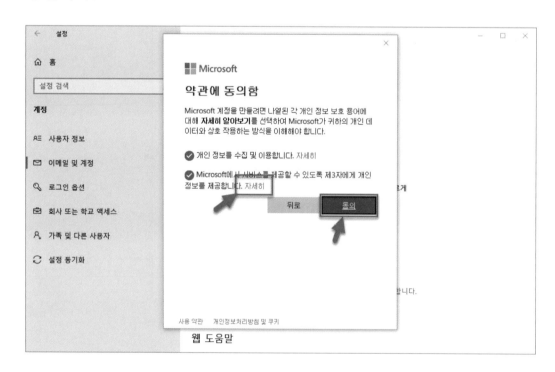

09 **새 전자메일 주소받기**를 클릭해서 마이크로소프트 이메일 주소를 생성하도록
합니다. 마이크로소프트 계정을 만들어서 사용하면 하나의 계정으로 다양한
인터넷 작업을 할 수 있습니다.

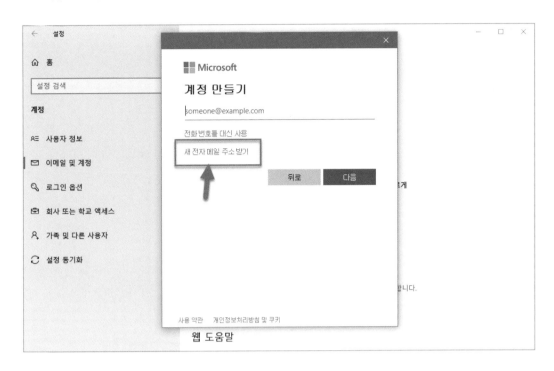

10 계정으로 사용할 아이디를 입력하면 되는데, 영어 소문자로 시작하고 가급적
숫자를 포함해서 8글자 입력한 후 **다음**을 클릭합니다.

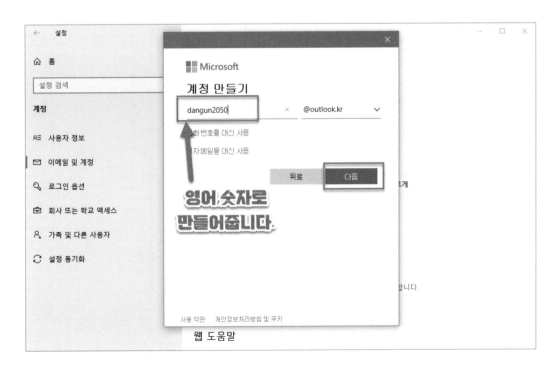

11 암호 만들기 화면이 나오면 영어 소문자와 숫자를 결합해서 입력해 줍니다. 암호는 잊어버리지 않는 자신만의 숫자 조합을 사용하세요.

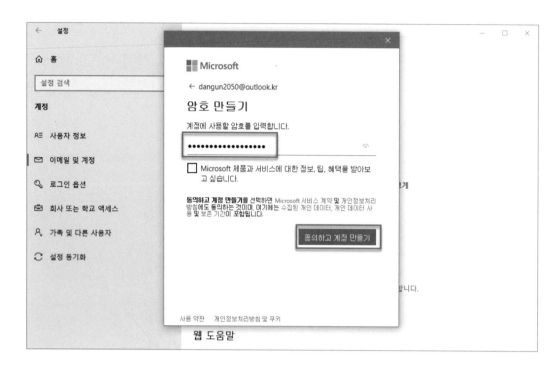

12 성과 이름을 각각 입력한 후 다음을 클릭합니다. 이름과 성을 입력할 때는 띄어쓰기를 하지 않고 한글로 입력합니다.

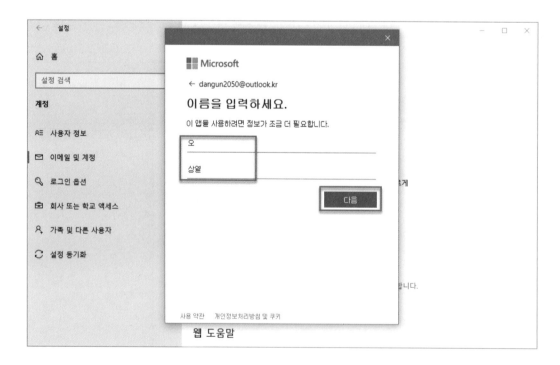

13 생년월일을 입력하면 되는데 본인의 진짜 생일을 입력하지 않아도 관계는 없습니다. 그러나 본인 인증을 나중에 할 수 있기 때문에 본인의 전화 개통할 때의 생일을 입력합니다.

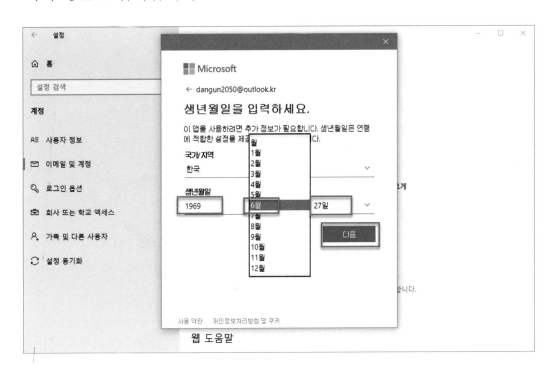

14 디바이스로 어디에서나 이 계정 사용할 것인지를 묻는 대화상자에서 Microsoft 앱만을 선택하도록 합니다.

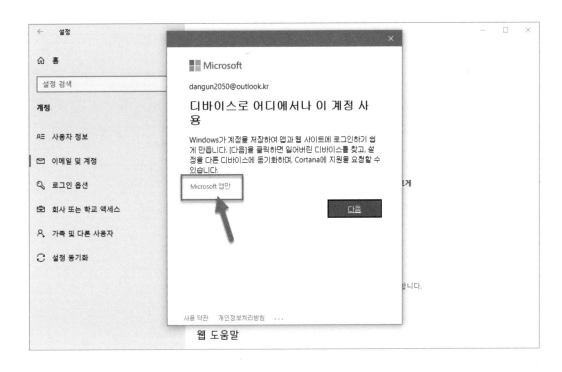

15 모두 완료되었습니다. 대화상자가 나오면 끝났으므로 대화상자에 있는 **완료**를 눌러서 창을 닫고 나갑니다.

16 계정이 아래와 같이 생성된 것을 확인할 수 있습니다.

17 교육장 같은 공동으로 사용하는 장비에 로그인을 해 두면 안되기 때문에 계정을 현재 사용하고 있는 PC에서 제거하려면 **설정 - 계정 - 이메일 및 계정**을 차례대로 클릭합니다.

18 본인의 계정이 보이면 클릭해서 **제거**를 누릅니다. 계정을 완전히 탈퇴하는 것이 아니라 사용하는 PC에서 제거만 할 뿐입니다.

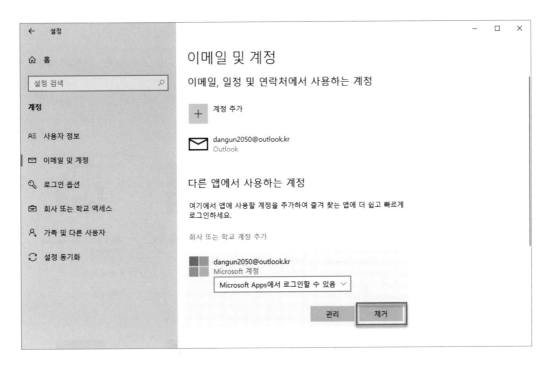

01 Microsoft Store를 클릭한 후 무료 인기 앱의 **모두 보기**를 클릭합니다.

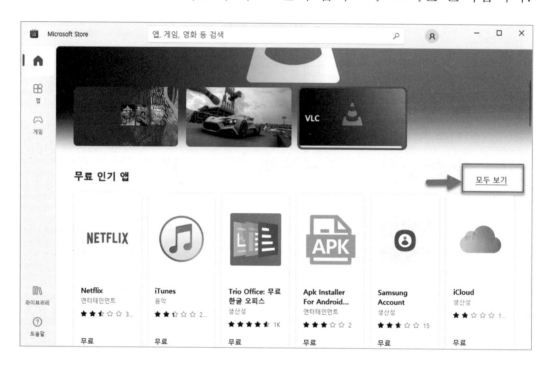

02 무료 인기 앱에서 보이는 NETFLIX를 찾아서 클릭합니다. 인기도 순위에 따라 순서가 변경되므로 찾아 보세요.

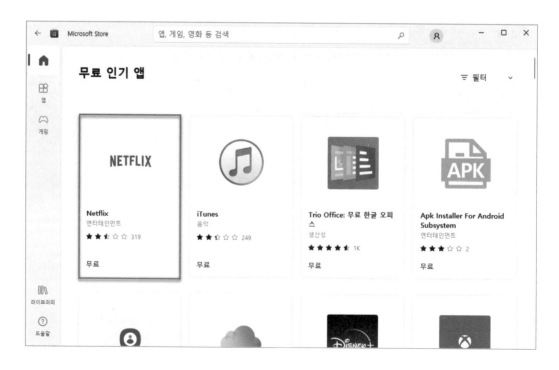

03 **다운로드** 버튼을 클릭해서 다운로드를 진행합니다. 만들어진 계정으로 로그
인이 되어 있으면 다운로드 받는 것에 문제가 없습니다.

04 다운로드가 완료되면 곧 바로 설치가 진행되고 설치가 완료되면 실행 버튼이
활성화가 됩니다. **열기** 버튼을 클릭해서 실행해도 되지만 지금은 **창을 닫고
빠져 나가도록** 합니다.

■ 설치한 앱 사용하기

01 시작 버튼을 클릭해서 앱 목록에서 설치한 앱 NETFLIX를 찾아서 클릭합니다.

02 NETFLIX가 실행되면 정말 다양한 영화와 드라마가 무제한으로 볼 수 있게 나오지만 회원가입을 해서 사용해야 하며, 무료 서비스가 아니라 유료입니다.

01 **시작** 버튼을 클릭한 후 앱 목록에서 **날씨**를 찾아서 클릭합니다.

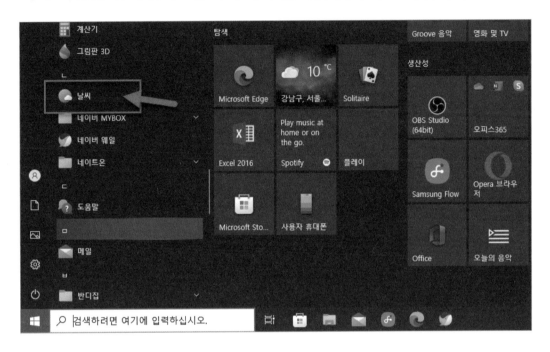

02 서울의 날씨가 일일, 시간별로 표시되고 있습니다.

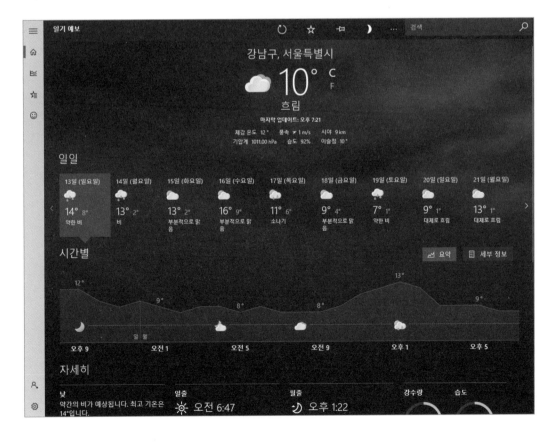

03 윈도우10에서는 과거 날씨를 알아보기 위해 왼쪽 도구모음에서 **과거날씨**를 클릭합니다.

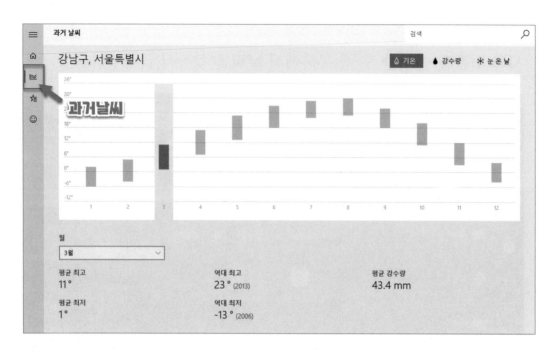

04 1월달 강수량을 설정해 보세요. 참고로 과거 날씨는 해당 년도만 제공하고 있으므로 자세한 과거 날씨는 기상청 사이트를 이용하면 됩니다.

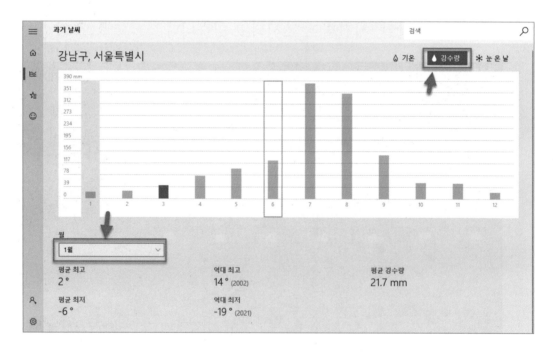

05 즐겨찾기를 클릭한 후 오른쪽에서 **좋아하는 장소의 +를 클릭**합니다.

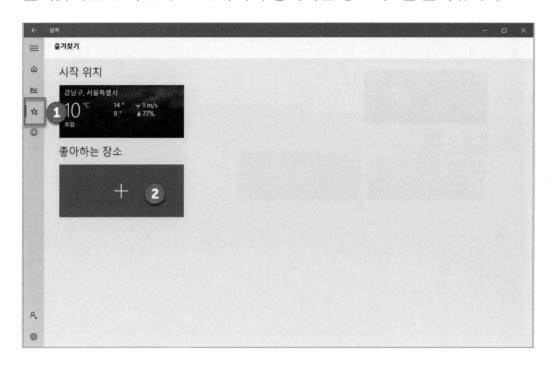

06 즐겨찾기에 추가하려는 **도시를 입력(파리)**하고 원하는 지역을 클릭합니다.

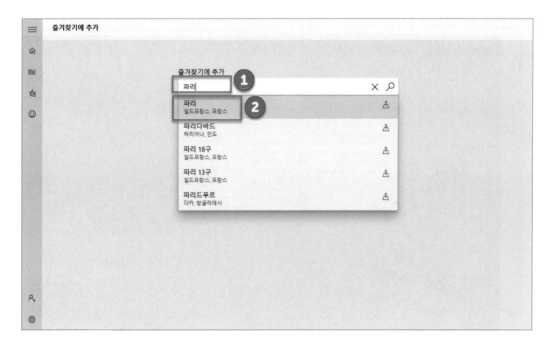

07 즐겨찾기 추가한 **파리, 프랑스**를 클릭해서 자세한 날씨를 보도록 합니다.

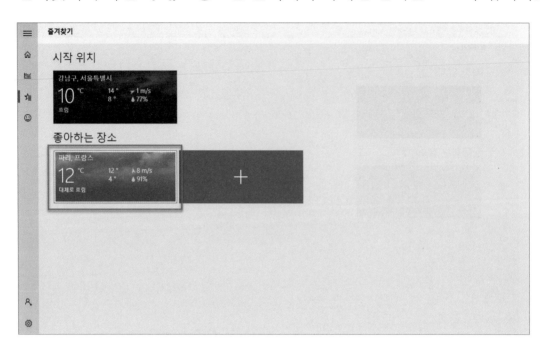

08 상단에 있는 **❶**고정 버튼을 클릭한 후 이 타일을 시작 메뉴에 고정하시겠습니까?에서 **❷**예를 클릭합니다.

09 시작 버튼을 클릭하면 **파리, 프랑스** 날씨 타일이 등록된 것을 확인할 수 있습니다.

10 타일에 **마우스 오른쪽 단추**를 클릭한 후 **시작 화면에서 제거**를 선택하면 날씨가 제거됩니다.

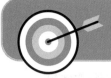
1 **이메일 및 계정**에서 계정을 사용하는 PC에서 본인 계정을 제거해 보세요.

2 Microsoft 스토어에서 **CNN** 앱을 설치해 보세요.

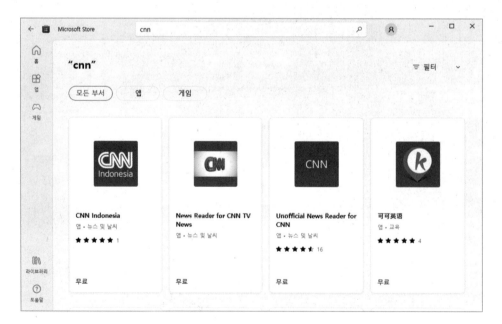

Chapter

09

컴퓨터 관리하기

09-1 ··· 디스크 정리

01 ❶내 PC를 더블 클릭한 후 ❷로컬디스크(C:)를 더블클릭으로 열어줍니다.

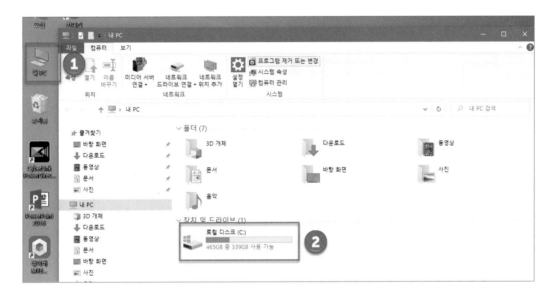

02 ❶드라이브 도구 메뉴를 클릭한 후 ❷정리를 클릭합니다. 옆에 있는 포맷은 디스크의 내용이 모두 지워지므로 절대 누르지 마세요.

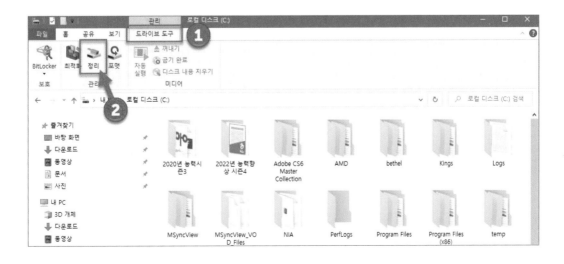

03 디스크 정리 대화상자가 열리면 삭제할 파일 목록에 있는 **모든 파일을 체크**한 후 **확인**을 클릭한 다음 **파일 삭제** 버튼을 클릭합니다.

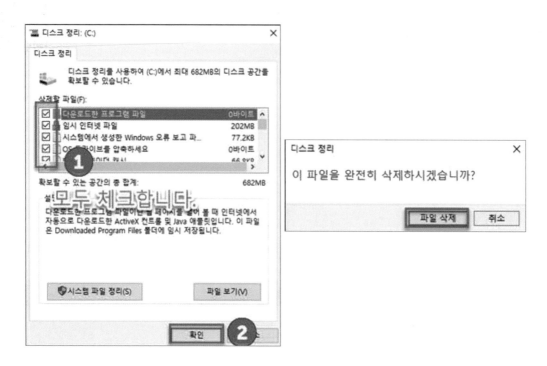

04 디스크 정리 작업을 진행하는 화면이 나오는데 처음 실행할 경우 시간이 약간 걸릴 수도 있습니다. 디스크 정리가 끝나면 자동으로 창이 닫힙니다.

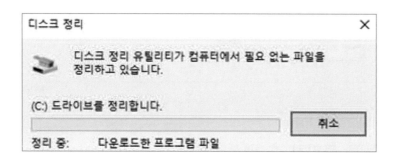

05 디스크 정리는 1주일에 한 번씩은 돌려주는 것이 좋습니다. 컴퓨터를 사용하게 되면 불필요하게 저장되는 것이 많아지게 되는데 이 불필요한 파일들 때문에 오동작을 하기도 하고 속도가 느려지기도 하기 때문입니다.

09-2 ··· 디스크 최적화

01 내 PC에서 디스크를 최적화할 **①로컬 디스크(C:)**를 선택한 후 **②드라이브 도구**를 클릭한 후 **③최적화**를 클릭합니다.

02 최적화할 **디스크 드라이브**를 선택한 후 **최적화** 버튼을 클릭하면 되는데, SSD(반도체 드라이브)는 '최적화'로 표시되며 하드디스크 드라이브는 '조각 모음'이라고 나오기도 합니다.

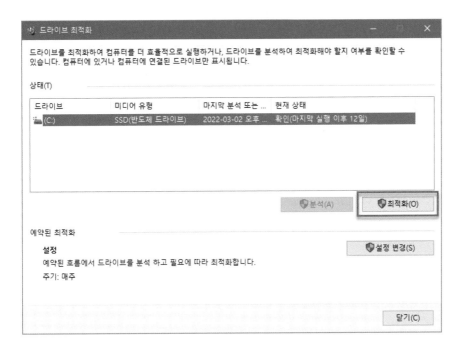

03 최적화가 필요한 드라이브가 더 있다면 선택한 후 **최적화** 버튼을 한 번 더 클릭합니다.

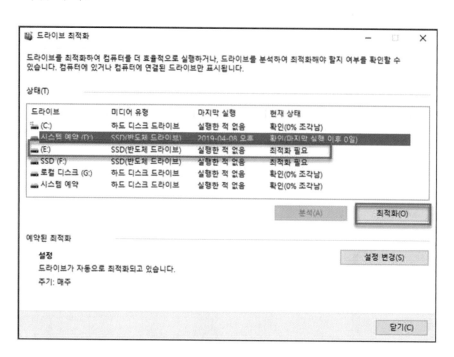

04 최적화 및 조각 모음을 진행하면 일단 끝날 때까지 기다려야 합니다. 최적화 **작업이 끝나면 닫기**를 클릭합니다.

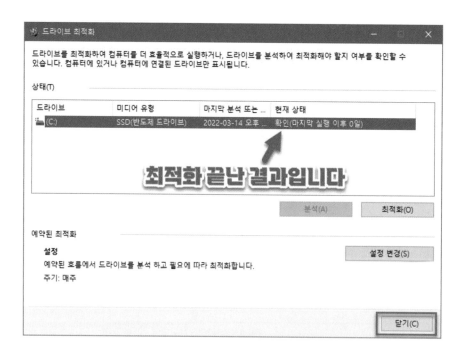

01 시작 메뉴를 클릭한 후 **설정** 버튼을 클릭하면 설정 창이 열립니다. **앱(설치제 거, 기본값, 옵션 기능)**을 선택합니다.

02 제거할 앱을 찾아서 클릭한 후 **제거** 버튼을 클릭합니다. (Microsoft에서 제 공한 앱은 **고급 옵션**을 눌러 초기화를 한 후 제거합니다)

03 이 앱 및 관련 정보가 제거된다는 대화상자에서 **제거** 버튼을 한 번더 클릭합니다.

04 Microsoft 뉴스 앱이 제거되었습니다. 다시 필요하면 작업표시줄의 Microsoft store에서 설치할 수 있습니다.

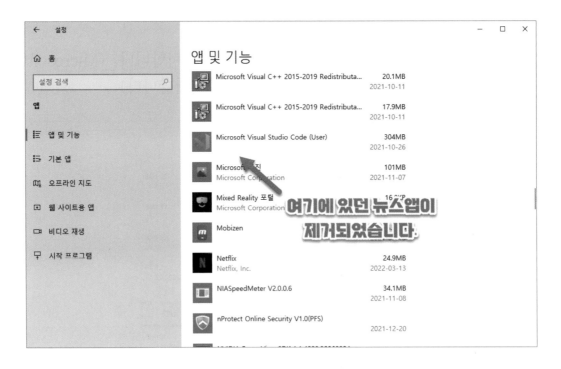

01 **시작** 메뉴를 클릭한 후 **설정**을 클릭한 다음 설정 창에서 **업데이트 및 보안**을 선택합니다.

02 Windows 업데이트 화면이 나오는데 오른쪽 창에서 **업데이트 확인** 버튼을 클릭합니다.

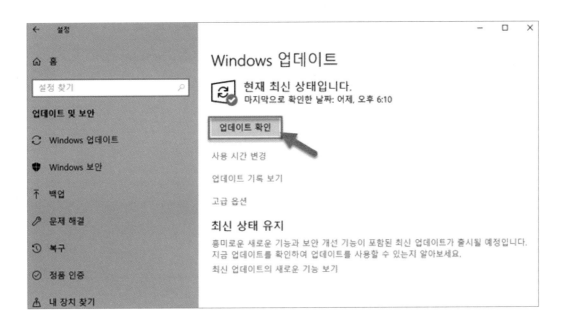

03 컴퓨터에서 최신 업데이트 정보가 있는지 확인하는 과정입니다. 업데이트를 오랫동안 안 했을 경우는 시간이 걸립니다.

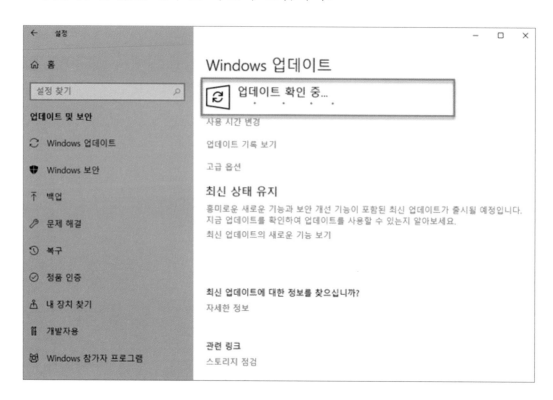

04 업데이트할 항목이 있으면 **자동으로 다운로드한 후 설치**가 진행됩니다. 업데이트를 진행할 때 **컴퓨터가 재부팅 될 수도** 있습니다.

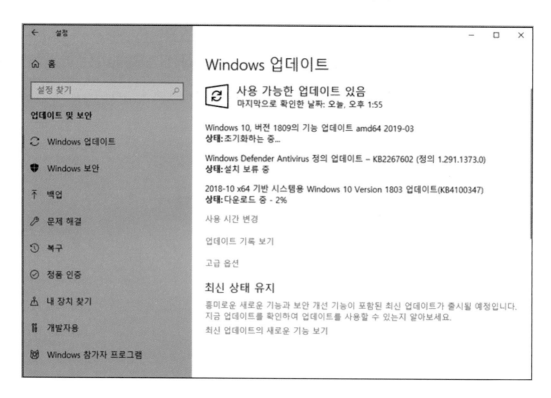

01 업데이트 및 보안 화면에서 왼쪽 창의 Windows 보안을 클릭한 후 오른쪽 창에서 Windows Defender 보안 센터 열기를 클릭합니다.

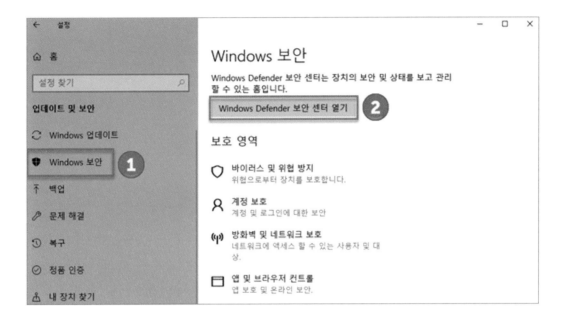

02 Windows Defender 보안 센터 창이 열리면 바이러스 및 위협 방지를 클릭합니다.

03 바이러스 및 위협 방지 창에서 **지금 검사**를 클릭합니다.

04 검사가 진행되는데 파일의 개수에 따라 시간이 오래 걸릴 수도 있습니다. 검사가 완료되면 위협이 있을 수 있는 파일의 개수가 표시됩니다.

혼자 해 보기

① 내 PC의 로컬디스크(C:)를 디스크 정리를 할 때, 임시 파일만 선택한 후 디스크 정리를 해 보세요.

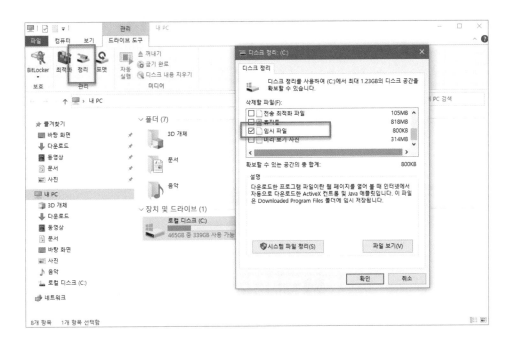

② 드라이브 최적화 작업을 예약 실행을 매월 작업하는 것으로 설정해보세요.

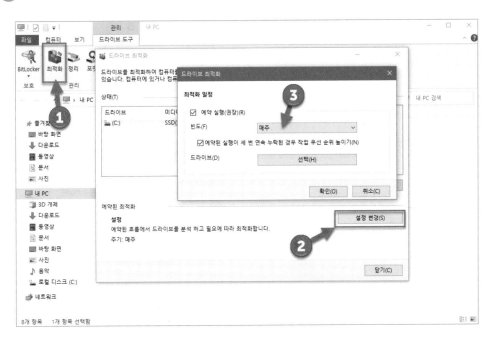

Chapter 10 컴퓨터 활용하기

10-1 ··· 엣지 브라우저 검색기록 지우기

01 엣지 브라우저를 실행한 후 ❶검색옵션(더보기)에서 ❷검색기록을 클릭합니다.

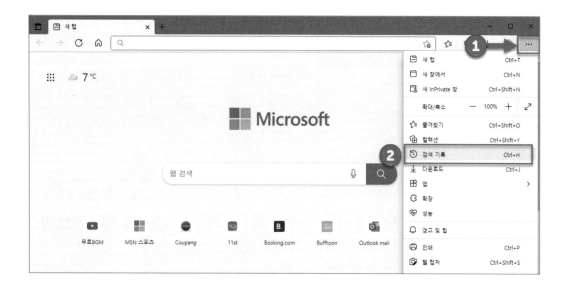

02 ❸···(더보기)를 클릭한 후 ❹검색 데이터 지우기를 클릭합니다.

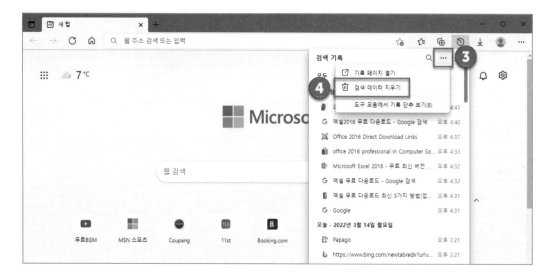

03 검색 데이터 지우기 대화상자가 나오면 **시간 범위**는 ❺**모든 시간**으로 변경한 후 ❻**지금 지우기**를 클릭합니다.

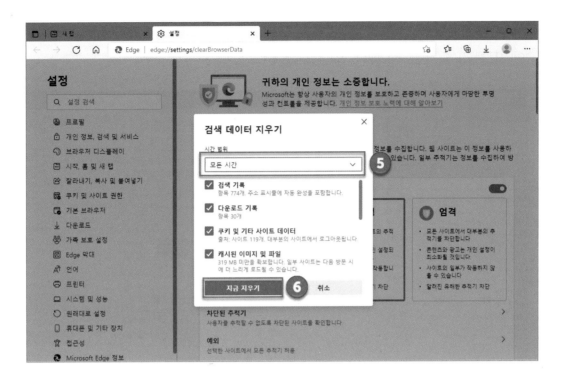

04 엣지 브라우저에서 검색했던 이전 내용이 모두 지워지게 되므로 흔적을 남기지 않게 할 수 있습니다. 공용으로 사용하는 컴퓨터에서는 이렇게 지우는 것이 좋습니다.

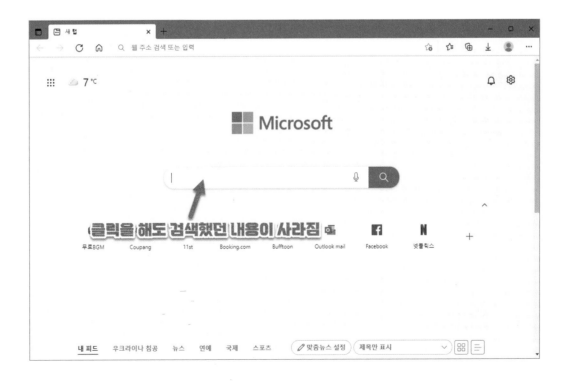

01 엣지 브라우저를 실행한 후 **검색옵션 - 설정**을 클릭합니다.

02 설정 창에서 **쿠키 및 사이트 권한**을 클릭한 후 오른쪽 내용 창에서 **팝업 및 리디렉션**을 클릭합니다.

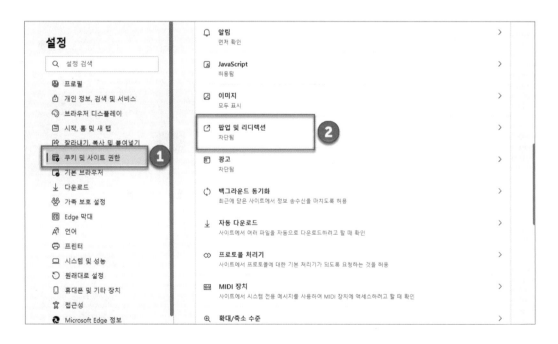

03 사이트 사용 권한/팝업 및 리디렉션 창이 나오면 **차단(권장)을 클릭해서 해제**합니다. 팝업 창을 열어서 다운로드를 받는 사이트는 여기서 팝업 차단을 해제한 후 사이트를 다시 접속해야 합니다.

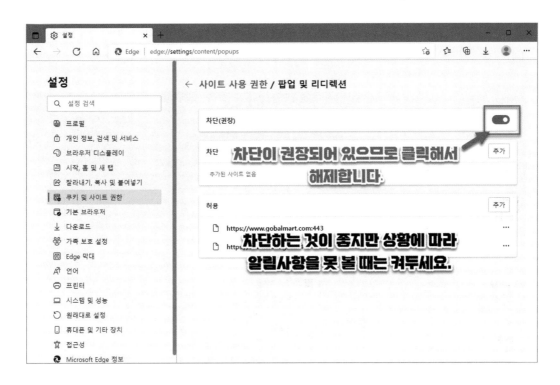

❖ 허용된 사이트와 차단된 사이트가 나타나는데 차단한 사이트는 계속해서 팝업이 차단되므로 차단된 사이트가 있다면 …을 눌러서 **해제**를 해주어야 합니다.

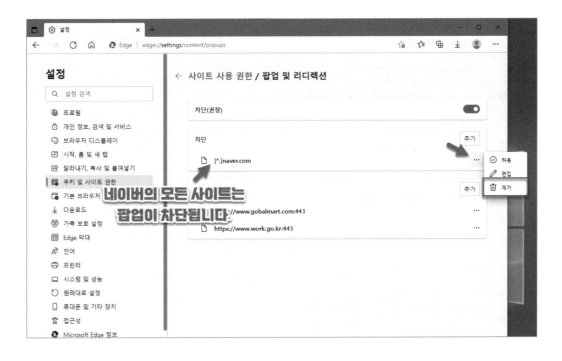

10-3 ··· 화면에 글자 크게 보기

O1 바탕화면에서 **마우스 오른쪽 단추**를 클릭하여 **디스플레이 설정**에 들어갑니다.

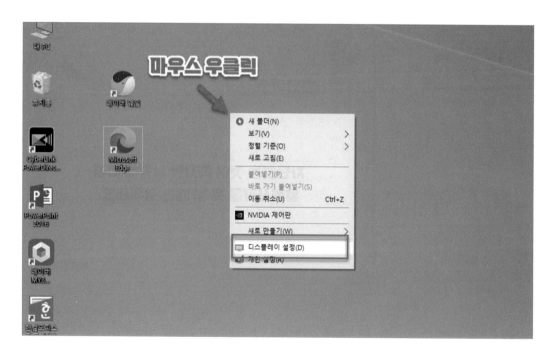

O2 마우스 휠을 아래로 굴린 후 아래처럼 **배율 및 레이아웃**에서 **100%(권장)**을 클릭한 후 **125%**를 클릭합니다.

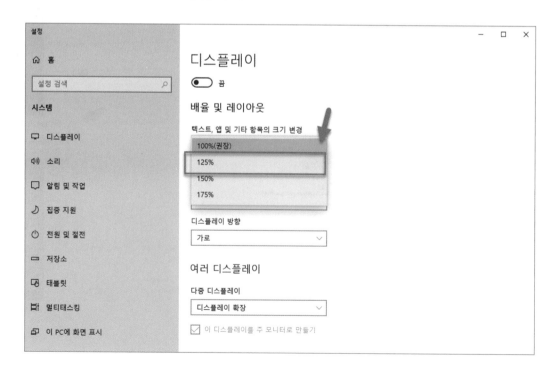